siebenundfünfzig – sieb(en)zig 97

1937' 1971 O.WIHL; *segs si̯wənədrīsg mārk dẹ dopldsẹndnv* ‚sechs-, siebenunddreißig Mark pro Doppelzentner' 1972 RIETHM; *dī hani̯ jeds sī̯bənədrīsig jōr* ‚die habe ich jetzt seit 37 Jahren' 1971 SCHWÖRST. – DWb. 10/1, 828; Schweiz. 14, 1304 (*siebenunddrißg*); Südhess. 5, 1024.

sieben-und-fünfzig *si̯wənəfufsig* RAUENBG (WIESL.), ENDGN, REICHENB. (FREIAMT); *si̯bnəfufsig* ESCHB. (FREIB.); *sī̯bənəfufsig* NEUENWEG; *sī̯bnəfufdsg* HOLZEN. – Num.: ‚die Zahl 57'; *anə si̯wənəfufsig* ‚im Jahr 1957' 1971 ENDGN; *dẹ grosfadr i̯š gšdōrbə anə sī̯bnəfufsig* 2008 HOLZEN. – DWb. 10/1, 828.

Sieben-und-fünfziger-jahr n: ‚das siebenundfünfzigste Jahr eines jeweiligen Jahrhunderts'; *Ä mol, s kint im Sibënëfufzgerjōr gsi si, hämer ebis Schöses (Schönes) gsea, i gloub i erlëbs it no emōl* O. FWGLER 62. – Vgl. *Dreizehner 2, Vierzehner 2*.

sieben-und-neunzig *si̯wənəi̯ndsig* NEUENBÜRG; *si̯wənənīndsig* BÜHLERT.; *sī̯bənənündsi̯* IMMENEICH. – Num.: ‚die Zahl 97'; *si̯wənənīndsig jār wār sə alt* ‚sie war 97 Jahre alt' 1980 BÜHLERT.; *si̯wənəi̯ndsig puŋgdə i̯š fōrdsīgli̯x* ‚97 Punkte (bei einer Prämierung) zu erhalten, ist vorzüglich' 1980 NEUENBÜRG; *So hät ou emol en Gsel ... schtat de 96 sibeninzg Zäi (Zähne) am Rädli gha* O. FWGLR 44. – DWb. 10/1, 828.

sieben-und-sechzig *si̯wənəsẹxdsi̯x* RAUENBG (WIESL.), REICHENB. (FREIAMT); *-sexdsig* BOMB., WALDK. (ELZT.), ST. PETER; *-sexdsi̯* EICHSTET.; *sī̯bnəsexdsi̯x* NEUENBÜRG; *sī̯bənəsẹxdsig* MALSBURG, TIENGEN (WALDSH.); *si̯bənəsexdsig* HERTEN; *-sēvxdsig* U.BRÄND, GUTMADGN; *si̯bənəsexdsig* NEUENBURG a. RH., SCHOPFHM, HASEL; *-sexdsg* HERRISCHRD. – Num.: ‚die Zahl 67'; *i̯x bi̯n sī̯bənəsẹxdsig* ‚ich bin 67 Jahre alt' 2010 MALSBURG; *ānə si̯bənəsẹvxdsig hemv dox dō nox das wānsi̯nig štūrmhọlds ghabt* ‚im Jahr 1967 hatten wir sehr viel Sturmholz' 1972 U.BRÄND. – DWb. 10/1, 828.

sieben-und-sieb(en)zig *si̯wənəsi̯bdsig* BÖTZGN; *-sibdsi̯k* BONND. (ÜBERLGN); *sī̯bənəsi̯bdsk* MALSBURG; *si̯bənəsi̯bdsig* ST. PETER, TIENGEN (WALDSH.); *sī̯bənəsi̯bᵊtsk* IB. (SÄCK.); *sibənəsi̯bdsg* RADOLFZ. – Num.: ‚die Zahl 77' LEHR KURPF. 112, ELLENBAST 66; *ja jeds bi̯ni̯ si̯wənəsi̯bdsi̯k* ‚ja, jetzt bin ich 77 Jahre alt' 1981 BONND. (ÜBERLGN); „*Wånn d' sou weidersaufsch, wärsch koi siwwezich!*" – „*Ätsch, scho siwwenesiwwezich!*" HUMBURGER 186; *hunertfüfzig Maa un sibenesibezig Buebe!* HEBEL 16, 62. – DWb. 10/1, 828; Fischer 5, 1385; Schweiz. 7, 60; Südhess. 5, 1024.

sieben-und-siebzigerlei in Ra., s. → *Gicht 3*.

sieben-und-vierzig *si̯wənəfi̯rdsi̯x* MUDAU, WEILER (PFORZH.), GAUSB.; *-fedsi̯š* NUSSLOCH; *-fedsi̯x* REILGN; *-fi̯rdsig* ZELL-WEIERB., REICHENB. (FREIAMT), FURTWANGEN; *si̯wənəfi̯rdsig* IHRGN; *sī̯bmfi̯rdsig* NEUENWEG; *sī̯bənəfī̯rdsg* WELMLGN. – Num.: ‚die Zahl 47'; *si̯wənəfi̯rdsig jōr* ‚47 Jahre' 2010 REICHENB. (FREIAMT); *si̯wənəfẹdsig jov laŋ* ‚47 Jahre lang' 1976 REILGN; *áno sī̯bənəfi̯rdsg* ‚im Jahr 1947' 1976 WELMLGN; *si̯wənəfi̯rdsig wār sẹr guəd* ‚das Jahr 1947 war sehr gut (d. h. die Qualität der geernteten Weintrauben)' 1979 IHRGN; *ạlərdi̯ŋs i̯š s ẹ flexə fon si̯wənəfi̯rdsig hegdār* ‚allerdings ist es eine Fläche von 47 Hektar' 1955 ZELL-WEIERB. – DWb. 10/1, 828.

sieben-und-zwanzig *siwənədswansig* BECKSTEIN; *-dswansi̯x* HANDSCH., NUSSLOCH, RUSSHM; *sī̯wənədswansi̯x* KARLSD.; *si̯wənədswọnsi̯x* HUNDSB.; *-dswandsig* GAUSB., BOMB., REICHENB. (FREIAMT), SCHONACH; *si̯bənədswandsig* HERBOLZHM (BLEICH), BUCHENB., KARSAU; *-twantsk* NUSSB. (TRIBG), ST. PETER, BUGGENRD; *si̯wnədswandsg* BREITNAU; *sī̯bənətswantsk* MALSBURG; *-tswantsi̯k* ÖFLGN. – Num.: ‚die Zahl 27' G. MÜLLER 35, HANDSCH./ZFDMU. 1918, 157; *anə si̯wnədswandsg wō n i̯x khīrāt hab* ‚im Jahr 1927, als ich geheiratet habe' 1981 BREITNAU; *dẹr wār si̯wənədswọnsi̯x jōr in dẹ frẹmdi̯* ‚der war 27 Jahre lang in der Fremde' 1980 HUNDSB. – DWb. 10/1, 828; Südhess. 5, 1024.

sieb(en)-zehn zwei- und dreisilbige Formen kommen im gesamten Arbeitsgebiet vielerorts nebeneinander vor; in Gebieten, in denen *b* in zwischenvokalischer Stellung frikativiert wird, tritt bei den dreisilbigen Formen *w* auf; *süwədsə* HETTGN; *siptsēn* HEMSB. (WEINH.), HERDERN, MESSK.; *siwədseï* EDGN, NECKARHSN, OFTERSHM; *si̯wədsē, -i-* HANDSCH., O.SCHEFFL., SCHWETZGN, verbr. nördl. Schwarzwald und Ortenau; *si̯bdsē, -i-* REILGN, verbr. Ufgau, Murg- und Oostal, Kinzigtal, mancherorts mittl. Schwarzw., verbr. Kaiserstuhl, Breisgau, Markgräflerland; *si̯wədsēə* vereinz. Hanauerland; *sīwədsē* vereinz. ob. Kinzig-, Elz- und Glottertal; *siwatsē* LANGENSCH., EISENB., ALTGLASHÜTTEN, HOHENBODMAN; *siptsē, -b-* mancherorts mittl. Schwarzwald; *siptseə* Bregtal, mancherorts am Bodensee; *si̯watsēə* PFAFFENWLR (VILL.), AACH-LINZ, HATTENWLR; *si̯bdsa, siptsā* südl. Markgräflerland, Dinkelberg; *siptsẹ, -tsẹ* Wiesental, Hotzenwald; *si̯batse* in der Wutach-Gegend, Klettgau; *sī̯batsẹ* vereinz. südl. Schwarzwald; *sīb(v)tsēə* HEINST., HAUSEN i. T., GUTENSTEIN; *sib(ə)tseə, -i-* verbr. Baar, Hegau, am Bodensee; *sibatsi̯a* GUTMADGN, RIEDBÖHRGN, AULFGN; *sibatsẹ* TIENGEN (WALDSH.), DANGSTET., LIENHM; *süb(ə)tseə* BÜSSLGN, HILZGN, RANDEGG; in isolierter Stellung flektiert, z. B. *sibdsēni̯, siwatsēni̯*. – Num.: ‚die Zahl 17' HUMBURGER 215, ROEDDER VSPR. 527a, FREI SCHBR. 150, LIÉBRAY 275, LEHR KURPF.² 136, G. MÜLLER 35, HEBERLING 6, SCHWENDEMANN ORT. I, 183, SCHWER 32, WAHR 26, KLAUSMANN BR. 24, SIEFERT 93, KIRNER 239, E. DREHER 91, ZINSMEISTER 12, HANDSCH./ZFDMU. 1918, 157; *siptsẹ woxə* ‚siebzehn Wochen lang' 1971 SCHWÖRST.; *si̯bdse mēdv hōx* 1976 REILGN; *i̯ wār dōmọls si̯btseə odv axtsē jōr* ‚ich war damals siebzehn oder achtzehn Jahre alt' 1955 HAUSEN i. T.; *i̯x han si̯btse mārk haimbroxd* 1981 VÖHRENB.; *drodsdem das sə si̯wədsē ki̯lomādv mi̯n fārə* ‚obwohl sie siebzehn Kilometer weit fahren müssen' 1955 FREISTETT; *ix bī anə siptsẹ komfirmīrt wordə* ‚ich wurde im Jahr 1917 konfirmiert' 1978 HALTGN; Kindervers: *Annemareili het siebezeh Säuli, ...* (ganzer Vers s. → *Sau 1a*) ST. MÄRGEN/Schulheft 1968, 5. – Mhd. *sibenzëhen*. – Weiteres → *Mor 1, III reiten 3*. – DWb. 10/1, 829; Fischer 5, 1385; Pfälz. 6, 103; Südhess. 5, 1024.

sieb(en)-zehnte(r, -s) *si̯wədsēnd* MÜNCHW. – Num.: ‚als siebzehnte(r, -s) in einer Reihen- oder Rangfolge', Ordinalzahl DAXLANDEN, SCHWENDEMANN ORT. 1, 183; *us əm sibdsēndə jọrhundərd* 1975 KAPPELWI.; *un der Himmel ist zue, wie zue den Zyten Eliä, / zwaiten Buch der Könige Kapitel das sibzehnt* HEBEL 62, 99. – Mhd. *sibenzëhende*. – DWb. 10/1, 831; Fischer 5, 1385.

Siebenzeit-samen m.: PflN ‚Bockshornklee, Trigonella foenum-graecum'; 1566 *sibenzeit samen* PICT. LEIBS ARTZ. 79b. – Vgl. *Fenegrekum*. – DWb. 10/1, 831 (*Siebenzeit*); H. Marzell Wb. 4, 805.

sieb(en)zig *süwədsi̯x* HETTGN; *siwədsi̯x* O.SCHEFFL., HANDSCH., mancherorts Kraichgau, RAPP., MÜNCHW.; *siwədsi̯š* SECKENHM, PLANKST., OFTERSHM, SANDHSN; *si̯bdsi̯š* OFTERSHM; *si̯bdsi̯x* ROHRB. (EPP.); *si̯bdsi̯š* MÜNZESHM; *siwədsig* MALSCH (ETTL.); *si̯bdsig, si̯bədsi̯* SANDW.; *sewədsi̯x* DIERSHM; *sīwədsg* SCHENKENZ., SCHILTACH; *sibədsg* verbr. Baar, RADOLFZ.; *si̯bdsig* BREISACH; *si̯wədsk*

St. Georgen (Freib.); sịbdsg mancherorts ob. Markgräflerland, Lörrach; sī̆bədsg Neuenweg; sių̯ədsg Lenzk.; sibətsk Buggenrd; sibətsk Randen; sibətsg Möhrgn, Liggersd.; sübətsg Singen a. H.; sibdsg Radolfz.; in isolierter Stellung: sibədsgị Mönchwlr; sibətsge Möhrgn. – Num.: **1)** ‚die Zahl 70' Treiber 88, Frei 26, Liébray 275, Lehr Kurpf. 112, P. Waibel 109, Roedder Vspr. 527a, Meis. Wb. 155a, F. Schlager 81, Baur 102, Schwendemann Ort. 1, 183, Klausmann Br. 24, Beck 113, Siefert 93, E. Dreher 91, W. Schreiber 29, Ellenbast 66. 86, Handsch./ZfdMu. 1918, 157, Rüsswihl/Mein Heimatl. 1937, 212; sịbətsk šdēr ‚70 Ster' 1971 Buggenrd; s sịnd ị də sibətsk šduk ‚es sind ungefähr 70 Stück' 1971 Randen; *Un habb se noch und noch, for siwwezig Browänner / Per Schtück verkaaft* Nadler 178; ịə iš sibətsge ‚er ist 70 (Jahre alt)' Kirner 472, ähnlich *si iš sibdsgị gsi* 1972 Mönchwlr; *mit siwwezich soodmer Raridäädewert häwwe* Humburger 186; *guggt mer mit siwwezich en de Schbigl noi: o wei, o wei!* eb. 174; in adjektivischem Gebrauch: *der sibdsixər grīg* ‚der Krieg von 1870' Roedder Vspr. 527a; *nox əm sewədsixər krẹẹi* Diershm. – **2)** in FlN: *Siebzig J(a)uchert* Schallst.; 1429 *an die Sybentzig J(uchart)* Roos 100; vgl. *II sieben 3e.* – Mhd. *sibenzec, sibenzic.* – Weiteres → *herauskriegen 2, in B2d, Kamerad, musper, schlecht 2b, sechzig, I sein B2d, Star*, vgl. *ein-, fünf-, siebenundsiebenzig.* – DWb. 10/1, 831 (*sibenzig*); Fischer 5, 1386 (*sibenzig*); Pfälz. 6, 104; Schweiz. 7, 59 (*sibenzg*); Südhess. 5, 1025.

Sieb(en)ziger sịbdsigɐ Ellmendgn; sịwədsigɐr Schutterwald, Hofw.; sịbdsgər Freib. – m.: **1)** ‚ein Mann im Alter von 70 Jahren bzw. im achten Jahrzehnt seines Lebens' Braunstein N 1, 13, Bayer 63. – **2)** ‚der 70. Geburtstag'; *də sịbdsigɐ wār šọ* ‚der 70. Geburtstag liegt bereits hinter ihm' 1976 Ellmendgn. – **3)** ‚ein Viertel Wein für 70 Pfennig'; „einen S. bestellt der Handwerker; das ist ihm wichtiger als der Oberbergener, wie es auf der Weinkarte heißt" (auf den Preis legt er mehr Wert als auf die Herkunftsbezeichnung des Weines) 1952 Freib. – **4)** ‚Baumstamm mit einer Länge von ca. 70 → *Fuß 2*' Jägerschm. Holztransp. 1, 71f., 2, 380. – Vgl. *Vier-, Sechsundsiebziger*; vgl. *Sechziger.* – DWb. 10/1, 829; Fischer 5, 1386; Schweiz. 7, 60 (*Sibenzger*).

sieb(en)zigste(r, -s) sịwədsigšd Münchw. – Num.: ‚als siebzigste(r, -s) in einer Reihen- oder Rangfolge', Ordinalzahl Schwendemann Ort. 1, 183. – DWb. 10/1, 835; Fischer 5, 1386.

Sieben-zwetschgen sịbədsu̯ątšgə Wehr. – f.: ‚Kram, Siebensachen' Schäuble Wehr 136; *Nimm dini Siwwzwatschgə zämmv* Reute (Emm.). – Weiteres → *II sieben 1*; vgl. *Plunder 5, Grempel 1.*

Sieber-latete sịbərlattētə Singen a. H. – f.: Übername für eine Siebhändlerin, die viel schwatzte W. Schreiber 15. – Zum Grundwort s. → *Latete(l).*

Siebler siblər Gottmadgn. – m.: **1)** FN, verbr. im Pfinztal, Berufsname (→ *Siebmacher 1*) Klausmann FN 205 u. Kt. 92. – **2)** FlN Gottmadgn, Acker, benannt nach dem Besitzer oder Nutzungsberechtigten; 1561 *im Syber* Hegau-Flurn. 4, 48; 1761 *außer dem Sübler* eb.; 1876 *Siebler* eb. – DWb. 10/1, 837.

Sieb-macher sịbmaxər O.scheffl. – m.: **1)** ‚(herumreisender) Handwerker, der Siebe herstellt und/oder flickt' Roedder Vspr. 527a; die *S.* waren von geringem Ansehen 1932 Buchholz; *Gleichwie einem Siebmacher oder einem Hafenbinder, wenn er in einem kleinen Ort zu Hause ist, können seine Mitbürger nicht das ganze Jahr Arbeit und Nahrung geben; sondern er begibt sich auf Künstlerreisen im Revier herum und geht seinem Verdienst nach* Hebel IV, 222; Rätsel vom Siebmacher: *Der Bauer fährt mit zwei, / der Edelmann mit vier, / der Kaiser fährt mit sechs. / Wer fährt mit sieben?* Volksk. Breisg. 78. – **2)** ‚Küfer' Pfaffenrot/Umfr. – Mhd. *sibmacher.* – DWb. 10/1, 837; Fischer 5, 1387; Pfälz. 6, 101; Südhess. 5, 1024.

Siebold FN: verbr. im äußersten Südwesten; Nied Freib. 77. – Geht zurück auf den männl. VN → *Sigibald.*

Sieb-pfanne f.: ‚Küchengerät, Seiher, wohl in der Form einer → *Pfanne 1* ähnlich'; aus einem Nachlass: *... 1 kupferne Siebpfanne ...* ZVkFreib. 41, 81. – Vgl. *Trauf-, Seihetichpfanne.* – Fischer 6/2, 3112; Schweiz. 5, 1107 (*Sīgpfanne*).

siebte(r, -s) → *sieb(en)te(r, -s).*

Siebterle → *Siebenter 3.*

Siebt-klässler „Sibtykchlässler" Wehr. – m.: ‚Schüler in der siebten Klasse' Schäuble Wehr 9. – Neckreime unter → *Ochsenkopf 2b* und *Sechstklässler.* – Pfälz. 6, 103.

Sieb-verkäufer m.: ‚jem., der erwerbsmäßig mit Sieben (→ *Sieb 1*) handelt'; *die pelza* (Pfälzer) *Siebvakafa* machten früher im Badischen gute Geschäfte Odenwald MPh. 70.

sieb-zehn → *sieb(en)zehn.*

sieb-zehnte(r, -s) → *sieb(en)zehnte(r, s).*

Siebzehn-und-vier n.: ‚ein Kartenspiel, Glücksspiel, bei dem es gilt, möglichst nahe an 21 Punkte heranzukommen, ohne dabei diese Punktzahl zu überschreiten' Ochs-Festschr. 295, 1955 Au a. Rh. – Pfälz. 6, 104; Südhess. 5, 1025 (*Siebzehnvier*).

siebzig → *sieb(en)zig.*

Siebziger → *Sieb(en)ziger.*

siebzigste(r, -s) → *sieb(en)zigste(r, -s).*

Siech sīəx, -ī̆- Kappelwi., Etthm., Bonnd. (Überlgn); siəx, -i- mancherorts Ortenau, Kenzgn, Hofstet., Elzach, Engen; sivx, -i- Maisach, Löcherbg, Ottoschwan., Reute (Emm.), Furtwangen, U.baldgn, Pfullend., Riedhm (Konst.), Altenschwand; siəx, -i- vereinzelt an Wolfach und Kinzig, Ottenhm, Tribg, Erdmannswlr, Neuk., Gutmadgn, Hintschgn, Feldbg, Vögishm, Tüllgn, Wehr, Eschb. (Waldsh.); seex Münchw.; sēx Harthm (Freib.); sīəx, -ī̆- Hornbg (Schwwaldb.), St. Georgen i. Schw., um Stockach, Singen a. H., Radolfz., Markelfgn, Konst., Lörrach; sīəx̣ Möhrgn; sīəx Buchhm (Messk.); Pl.: sịəxə Wehr, Eschb. (Waldsh.); sīəx̣ə Möhrgn. – m.: **1) a)** ‚übler Kerl, gerissener, schlechter, unehrlicher Mensch', Schimpfwort A. Sütterlin Wb. 34b, Burkart 65. 211, G. Maier 158, Kilian 44, Schwendemann Ort. 1, 36, 1895 Amoltern/Umfr., Altenschwand/eb., Fleig 134, Wahr 47, A. Müller 1, 127, Beck 84, Schäuble Wehr 137, W. Rothmund 13, Kirner 388, W. Schreiber 42, Singer Höri 55, Joos 176. 193, Feldbg/Markgr. 1971, 149, Rüsswihl/Mein Heimatl. 1937, 204; *du sịəx!* Bühl (Offb.), ähnlich Meis. VW. 37, Stockach/Hegau 1978, 182, Göbel, Chronik v. Neustadt 30; verstärkt durch Zusatz von Adjektiven: *du lumbeder Siach!* Pfullend.; *Du krumme Siech!* Riedichen/Mein Heimatl. 1930, 128; *ēlendige, krumme Siech* Zimmerm. hs. 283; *halbnärrsche Siech* eb.; *Filzläus, di verdammte Siech* eb.; *dumme siech* 1894 Pfohren; *dər dötschig* (dumm) *Siech* Ellenbast 15; *fuule Siēch* eb. 21; *bišən wīəšdə sịəx* ‚du bist ein wüster Kerl' St. Georgen i. Schw.; *feweendi Sǟche hald!* ‚verwöhnte Tunichtgute eben' Gütenb.; *ə rōdə sīəx* verächtl. für ‚ein Rothaariger' Mühlgn; *e keiwe*

siech – Siechentor

Siäch ‚ein leichtlebiges Mädchen' BRAUNSTEIN RAA. 48; *ən gwäldẹ̄digə siəχ* 1973 ENGEN; *sō ən līəχnə Sīəχ* ‚ein solch liederlicher Kerl' STOCKACH/HEGAU 1972/73, 201, vielleicht verkürzt aus *liədərlechnə Siəch* KRAMER GUTMADGN 273; *die liedrige Sieche*, von Männern JUNG BRÄGEL 96, ähnlich KENZGN/ZFHDMU. 3, 94; *sō ən p̄issənə siəχ* FUCHS 77d; *du verreckte Siech* AUGGEN, ähnlich *siəch veregde* VÖGISHM/ALEM. 25, 110; von brünstigem Vieh sagt man: *des išt n ōsnigə sīəx̄* W. LANG 62; Steigerung durch Zusammensetzungen: *der Kaibe-Siech!* ST. MÄRGEN/Schulheft 1970, 23, ähnlich *du Khaibə Kogə Sīəχ* STOCKACH/HEGAU 1972/73, 197; *i ha nè schô bereits ket, isch mr dèr Sièch dèvu* ELLENBAST 7; *dèr Sièch ischènè vètwischt* eb. 79; *Hidezedags sin diä Siäche jo mid rain gar nind me zfride* STRUBE TÄIK 91; *Diner Läbtag hätteścht du kchoa Rueh meh vor mr, du chlii hinterhältig Siech* FLÜGEL 68; *Denn wenn der Mac Mahon jetz, de Siech ...* A. HERMANN 70. – **b)** auch im positiven Sinne, Ausdruck gutmütiger Bewunderung: ‚gewitzte, raffinierte Person, Lausbub, Schlaukopf, tüchtiger Kerl', vorzugsweise für männliche Personen, aber auch für weibliche möglich G. MAIER 158, BRAUNSTEIN RAA. 48, BESCH 45, PFRENGLE HARTHM 36, SCHÄUBLE WEHR 137, W. SCHREIBER 42, 1931 RADOLFZ., FELDBG/MARKGR. 1971, 149; *ən liəbə Siəch* KRAMER GUTMADGN 273; *dēr ḷẹ̄äb sīəχ* hieß ein bestimmter Junge um 1895 ETTHM; *v wīp̄v Siəch* ‚ein flinker Fratz' REUTE (EMM.); *Im Kardeschbile isch 'r ä Siqch!* ‚Im Kartenspielen ist er ein Könner' MEIER WB. 139; *s gljkt im äu dem sīəχ* 1981 BONND. (ÜBERLGN). – **2) a)** ‚kleiner Kerl, körperlich unterentwickeltes Lebewesen (Mensch oder Tier)' 1920 HAUSACH, M. BRAUN 148; *Där Muni (Stier) soll i dir abkäufə? Was wodd i äu mit däm Siqch?!* MEIER WB. 139. – **b)** ‚bedauernswerte Kreatur', in Verbindung mit einem entsprechenden Adjektiv, z. B. *armer sīəχ* KIRNER 388. – **3)** ‚Rausch' WITZ 59; *er hed ə siəχ ịm gṣịxd* ‚er ist betrunken' KRÜCKELS 217f. – Mhd. *sieche* (m., f.) ‚der, die Kranke, Aussätzige'. – Weiteres → *bettli(e)gerig, kreuzdumm, lausig 1b, lied(e)rig 1a, liederlich 2, mistig 2, ruchig, schassen 2, schlenzig, schäch(e), ungeruhig*; vgl. *Erden-, Granaten-, Kaiben-, Kogen-, Leber-, Malefiz-, Sau-, Stern(en)siech*; zu Bed. 1 vgl. *Kog 2a, Schalm 2, Schelm 2a, Serch, Sidian, I Socher*. – Els. 2, 322; Fischer 5, 1393 (unter *siech*); Schweiz. 7, 193 (unter *siech*).

siech *sīχ* O.SCHEFFL.; *sīš* OFTERSHM; *sïəχ* HORNBG (SCHWWALDB.); *siəχ* STOCKACH. – Adj.; ‚schwach, krank für lange Zeit', in HORNBG (SCHWWALDB.) nur von Tieren gesagt; ROEDDER VSPR. 527a, LIÉBRAY 276, PFRENGLE HARTHM 18, bad. Oberland/ZIMMERM. HS. 283, STOCKACH/HEGAU 1978, 182. – Mhd. *siech* ‚krank, aussätzig'. – Vgl. *sondersiech*; vgl. *serbig 1*. – DWb. 10/1, 838; Els. 2, 322; Fischer 5, 1393; Pfälz. 6, 104; Schweiz. 7, 191; Südhess. 5, 1025.

siechelen *sīəχlə* ALTENHM. – schw.: **1)** ‚kränkeln', von Menschen eb., AUGGEN. – **2)** ‚wie angefault riechen'; *es siechelet* ‚es riecht schon etwas angefault (wie Aas)' AUGGEN. – Mhd. *siecheln*. – Vgl. *serbel(e)n, siechen*. – DWb. 10/1, 846.

siechen *sīχə* O.WEIER (RAST.); „*sièche*" APPENW.; *sịəχə* AUGGEN. – schw.: **1)** ‚kränkeln', von Menschen G. MAIER 158; O.WEIER (RAST.)/ZFDMU. 1916, 283; *der Üeli mueß sterbe. ... / Schwätze lehrt er nümme, un siechet ebe so ane* HEBEL 16, 214. – **2)** ‚verkümmern', von Pflanzen KRÜCKELS 143. – Mhd. *siechen* ‚krank sein, krank werden'. – Weiteres → *also 3*; vgl. *hinan-, versiechen*; vgl. *recksen, serben, sochen, ziefen*. – DWb. 10/1, 846; Els. 2, 323; Fischer 5, 1393. 6/2, 3114; Pfälz. 6, 105; Schweiz. 7, 202; Südhess. 5, 1025.

Siechen-acker *siəxəakxər* HILZGN. – m.: FlN, Äcker, die zu einem → *Siechenhaus* gehörten; 1473 *im Sichen Ackher* E. SCHNEIDER HILZ. 175; 1561 *im Sichenackher* eb.; 1664 *in Siechenäkher ... ob der Dorner straß* eb.; 1717 *im Süchenakher* eb.; 1872 *Sichenacker am Hohentwiel* eb. Hierzu die FlN *Siechenackergasse* und *-wiese* eb. – Fischer 5, 1393 (unter *siech*).

Siechen-bach m.: FlN U.LAUCHRGN, Gewässername, rechter Zufluss der Wutach. – Fischer 5, 1393 (unter *siech*).

Siechen-esch *siəxvəš* ALLENSB. – m.: FlN, amtlich *Siechenösch* 1895 ALLENSB. – Zu → *Esch* ‚Feldflur'. – Fischer 5, 1393 (unter *siech*).

Siechen-gärtle n.: FlN, ein Gras- bzw. Krautgarten HORNBG (SCHWWALDB.); 1590 *Siechengärtlin* BAD. FLURN. III, 5, 64; 1716 *Siechengärtlen zwischen dem Weg und dem Allmand Waßer gelegen* eb.; 1717 *gegen dem Siechen Gartten, vorm Brückenthor* eb. – Fischer 6/2, 3114.

Siechen-halden *sīəx̄hāldə* MÖHRGN. – Pl.: FlN, abfallendes Gelände beim ehemaligen Siechenhaus KIRNER 388. – Fischer 5, 1393 (unter *siech*).

Siech(en)-haus *siəxəhūs* FRIEDGN. – n.: ‚öffentliches Gebäude zur Aufnahme Aussätziger, Hospital', befand sich oft außerhalb des Ortes; 1481 *das kain unzucht im siechhus beschähe, besonder die ordenlich zucht darin gehalten werd, als sich gepürt* SALEM/BOD. 40, 254; 1520 *die gotsgaben / oder so an kilchen / spital / siechhuß / oder vnser gemein gůt* FREIB. STADTR. 70b; als FlN bzw. Hausn.: 1429 *hinder dem siechhus uff der hoh* GUNDELFGN/ROOS 389; 1438 *vor dem siechhus* GRENZACH-WYHLEN/RICHTER 246f.; 1491 *bij dem siechenhüslin* HORNBG (SCHWWALDB.)/BAD. FLURN. III, 5, 64; 1531 *hinder dem Siechhus* RADOLFZ./HEGAU-FLURN. 7, 59; 1652 *beym Siechenhaus* ÖHNGN/HEGAU-FLURN. 5, 68, (hierzu auch der *Siechenhausplatz* eb.); 1911 *das Siechenhaus hinter dem Schloßberg* FRIEDGN/W. SCHREIBER Zw. 454. – Mhd. *siechhūs* ‚Krankenhaus, besonders für Aussätzige'. – Vgl. *Gutleut-, Leprosen-, Malatz-, Miselhaus*. – DWb. 10/1, 848; Fischer 5, 1393; Pfälz. 6, 105 (*Siechhaus*); Schweiz. 2, 1725; Südhess. 5, 1025.

Siechen-hölzle *siəxəhȫltsli* ÖHNGN. – n.: FlN; 1704 *im Siechenhölzlin* HEGAU-FLURN. 5, 68; 1827 *vor dem Bannholz unter dem Siechenhölzle* eb.

Siechen-kapelle *sīəx̄khepele* MÖHRGN. – f.: ‚kleine → *Kapelle 1a* für die Leprosen' KIRNER 388. – Fischer 5, 1393 (unter *siech*).

Siechen-kopf *sīəx̄khobf* REICHENAU. – m.: FlN, Seegewann, unmittelbar vor dem ehemaligen Allensbacher → *Siechenhaus* gelegen REICHENAU/MÖKING 69.

Siechen-kreuz *sīəx̄krīts* MÖHRGN. – n.: FlN, *bēm̄ sīəx̄krīts* KIRNER 388.

Siechen-moos n.: FlN ÖHNGN; 1531 *im Siechenmoß* HEGAU-FLURN. 5, 68; 1728 *auf dz Siechenmos* eb. – Fischer 5, 1393 (unter *siech*).

† **Siechen-pfleger** m.: ‚Aufseher oder Verwalter eines Siechenhauses'; 1573 *Welche zue siechenpfleger genommen werden, die sollen schwören, den armen leüthen auf ir begeren das best zuo rathen ...* VILLGN/OSTR. 140. – Mhd. *siechenpflëger* ‚Aufseher, Vorstand eines Sondersiechhauses'. – Vgl. *Siechmeister*. – DWb. 10/1, 849; Schweiz. 5, 1236.

Siechen-steg m.: FlN ÖHNGN, Steg beim → *Siechenhaus*; 1556 *bim siechenstäg* HEGAU-FLURN. 5, 68; 1628 *beim Siechensteg* eb. – Fischer 5, 1393 (unter *siech*).

Siechen-tor n.: FlN, eig. *Mühlentor*, nach seiner Lage beim → *Siechenhaus*; 1517 *bey dem Siechen Thor* RADOLFZ./HEGAU-FLURN. 7, 59; 1612 *zu dem Siechenthor* eb. – Fischer 5, 1393 (unter *siech*).

Siechen-wäschsteg m.: FlN, Steg am Mühlbach in RADOLFZ., an dem die Siechen ihre Wäsche reinigten HEGAU-FLURN. 7, 59; 1531 *der Siechenwesch Steg vber den Múllibach* eb.

Siechen-wasen m.: FlN, Stelle, an der die verstorbenen Insassen des Siechenhauses begraben wurden FRIEDGN/W. SCHREIBER Zw. 454f; 16. Jh. *auf das Siechen Weselin, bey dem Süechen Wäslein* eb. – Zum Grundwort s. → *Wasen* in der Bed. ‚Begräbnisplatz'. – Vgl. *Schinderwasen, Seelengrube.* – Fischer 5, 1393 (unter *siech*).

Siechen-weier m.: FlN, 1896 MALSCHENBG. – Zum Grundwort s. → *Weiher.*

Siechen-wiesen *siəxəwisə* NEUHSN (ENGEN). – f., Pl.: FlN AHSN/UMFR.; 1789 *1 1/2 J in Siechenwiesen* NEUHSN (ENGEN)/W. SCHREIBER Zw. 573. – Wohl Wiesen im Besitz des Siechenhauses, in AHSN wird zur Erklärung auch ‚schlechte Wiesen und Felder' in Betracht gezogen. – Fischer 5, 1393 (unter *siech*).

Siecher *sīəxər* GUTACH (SCHWWALDB.). – m.: ‚eine Krankheit beim Vieh'; die Kuh hat den *Siecher* ‚sie frisst nicht, es fehlt ihr etwas' eb. – Schweiz. 7, 203 (*Siechi*).

Siech-gasse f.: FlN HANDSCH.; 1686 *Behaußung an der Siechgassen* BAD. FLURN. III, 4, 65.

siechig *sieχig* ELZACH, *si'χig* NEUST. – Adj.: ‚böse, widerspenstig, zuleid lebend'; *sieχigr kaib* ELZACH; *des iš bigot kain si'χigə holtsmogə* ‚das ist, bei Gott, kein widerspenstiger Holzklotz' (wohl ironisch gemeint) 1976 NEUST. – Abl. von → *Siech.* – Schweiz. 7, 203 (andere Bed.).

† **Siech-meister** m.: ‚Pfleger der Kranken im Siechenhaus'; 1481 *Item das der siechmaister allain den schlússel zu dem brot habe* SALEM/BOD. 40, 254. – Mhd. *siechmeister* ‚Aufseher eines Siechenhauses'. – Vgl. *Brudermeister, Siechenpfleger.* – DWb. 10/1, 852; Fischer 5, 1394; Schweiz. 4, 525; Südhess. 5, 1025.

† **Siech-tag** m.: ‚Schmerz, Krankheit', 1403 *es were denn, daz in siechtag oder ander redlich ... sache dar an irrte* NEUENB. STADTR. 151; 1429 *Gebresten und siechtagens not / Und ze leste ouch den tod* FREIB./ALEM. 33, 44. – Mhd. *siechtac, siechtage* ‚Krankheit, Siechtum'. – DWb. 10/1, 852; Fischer 5, 1394; Schweiz. 12, 994.

Siech-wiese f.: FlN ZIEGELHSN; 1498 *die siechwiese, die man auch nent den etzackher* BAD. FLURN. III, 6, 61. – Fischer 5, 1393 (unter *siech*).

Siedel nur in → *Einsiedel.*

Siedel-bach *sidəlbax* WALDAU. – m.: FlN. **1)** Name eines Baches in Breitnau, der in den Josbach mündet; 14. Jh. *Sidellenbach* ALEM. 35, 148. – **2)** Seitental von Jostal am gleichnamigen Bach 1973 WALDAU.

siedelig *sīdəli* HETTGN. – Adj.: ‚kochend heiß'. – Vgl. *siedig 1, siedigheiß 1.*

siedeln *sīdlv* REUTE (EMM.). – schw.: ‚sich niederlassen, sesshaft werden' eb. – Mhd. *sidel(e)n.* – Vgl. *ansiedeln.* – DWb. 10/1, 864; Schweiz. 7, 305 (*sidlen*); Südhess. 5, 1025.

Siedels-bronn *silsbrúṇ* HANDSCH. – ON: Dorf nördl. von Handschuhsheim LENZ I, 42, heute Ortsteil der (in Hessen gelegenen) Gemeinde Wald-Michelbach, amtl. *Siedelsbrunn.* – Zum Grundwort s. → *Bronn.* – Südhess. 5, 1025 (*Siedelsbrunn*).

sieden *sīdə, -ī̆-* mancherorts Taubergrund, Bauland, Kurpfalz, Kraichgau, verbr. Ufgau und Murgtal sowie in einem Streifen entlang des Rheins von PLITTERSD. bis LICHTENAU, OFFENB., ENGELSWIES, verbr. an der Wutach, Hegau, vereinz. Bodanrück; *sīlə* HEDDESHM, O.-SCHEFFL.; *sīrə* HANDSCH.; *sīədə, -ī̆-* verbr. nördl. Schwarzwald, vereinzelt Hanauerland, mittl. Schwarzwald, mancherorts Ortenau, Breisgau, verbr. Markgräflerland, mancherorts Baar, östl. Hegau, verbr. in einem Gebiet um MÜHLGN und auf dem Bodanrück, sowie um MEERSBURG; *siədə, -ī̆-* ELLMENDGN, um FORB., verbr. mittl. u. südl. Schwarzw., an Brigach und Breg, Dinkelberg, um MESSK., Linzgau; *seədə, -ē̆-* verbr. entlang des Rheins von der Acher bis RHEINWLR, Kaiserstuhl u. Breisgau, MAMB.; *sēdə* LAUTENB. (RENCH), GÜNDLGN, FELDK.; *siədv, -ị̆-, -ī̆-, -ī̆-* SCHENKENZ., verbr. um MÖHRGN; *sū̆də* verbr. westl. Hotzenwald, Klettgau, südl. Hegau, Höri; *sū̆də* verbr. östl. Hotzenwald; Part.: *gsoụdə* mancherorts Taubergrund; *gsodə* vereinzelt NBaden, verbr. von KARLSR. bis Markgräflerland; *gsolə* HEDDESHM, O.SCHEFFL.; *gsorə* HANDSCH.; *gsod* ALTENHM; *gsọdə* MÜNCHW., verbr. Hochschwarzwald um ST. MÄRGEN, LAUSHM; *ksotə* verbr. an Brigach und Breg, Baar, vereinzelt Dinkelberg und Hotzenwald, um MESSK. und Linzgau, mancherorts Bodanrück, Schwarzw., südl. Baar, südl. Linzgau; *gsotə* vereinz. Baar, südl. Schwarzw., Linzgau; *ksọtə* verbr. südöstl. Schwarzwald, Hotzenwald, Klettgau; *ksodə* BÖTZGN, Dreisamtal, vereinz. Dinkelberg, HÄUSERN, MEERSBURG; *ksot⁻ə, -v* mancherorts Baar, verbr. Hegau, Höri, um HAUSEN I. T., vereinzelt Linzgau; *ksọt⁻ə* vereinzelt Klettgau, südl. Hegau, Höri; schwache Bildung: *gsīədəd* WOLLB.; *gsīədəd* ADELSHSN. – st., (schw.): **1)** intrans. ‚strudeln, aufwallen, → *kochen* 2a', von Wasser oder anderer Flüssigkeit PLATZ 297, HEILIG GR. 41. 80, ROEDDER VSPR. 527b, LIÉBRAY 275, BAUR 72. 108, SCHRAMBKE 148, SCHWENDEMANN ORT. 1, 66, KLAUSMANN 60, BRUNNER 92. 116, BESCH 45, SCHWER 33. 47, HALL KT. 26. 122, WAHR 28, GESSER 39. 92, BECK 137. 199, R. E. KELLER JEST. 61, KIRNER 383, E. DREHER 43, SINGER HÖRI 54, W. SCHREIBER 41, ELLENBAST 66, ZINSMEISTER 41, JOOS 172. 279, KRETSCHMER 300, HANDSCH./ZFHDMU. 1, 24, O.SCHOPFHM/eb. 327. 332, KENZGN/eb. 363, OTTERSD./ZFDMU. 1914, 344, O.WEIER (RAST.)/eb. 1916, 283, RÜSSWIHL/ MEIN HEIMATL. 1937, 211; *s siət* HERZOGENWLR; *s wasər sịədət* VÖHRENB., ähnlich DÖGGINGEN, MEIS. WB. 153b, E. DREHER 43; *s wasər sīt* GUTMADGN; *s het ksọtə* FURTWANGEN; *s dūəd sīədə ọdv s koxəd* AUFEN; *wṇs āfaṇt šdrụdlə sāgə mṇ es sīdət* HERZOGENWLR; *djə mịlx sīdət gọ glū̆ gār* ‚die Milch siedet jetzt gleich ganz' BRÄUNLGN. – **2) a)** ‚Speisen, bes. Fleisch, Kartoffeln, Eier, in kochendem Wasser (oder anderer Flüssigkeit) ziehen lassen' SCHILTACH, KIRNER 383, 1982 ZOZNEGG; *im kxoxịgə wasər sị̄ədə* ‚im kochenden Wasser sieden' 1974 ST. MÄRGEN; *sị̄ədv on brọ̄tv on ghoxv* ‚sieden und braten und kochen' 1980 GUTENSTEIN; *Schabet's, siedet's, putzet's; gent Achtig druf - 's chostet sechs Gulde* HEBEL 57, 61; *ẹrdepfl sị̄ədə* 1979 SULZ, ähnlich 1974 FURTWANGEN, 1976 SUNTHSN; *di Kadoffl missä ä halwi Schdunn siidä* FREI SCHBR. 149; *s flāiš sū̆d* 1979 ROTZGN; *āiv sị̄də* MEIS. WB. 153b, ähnlich 1968 U.BIEDERB., YACH; *d aiər, d nudlə dụəni sị̄ədə* 1973 NEUST. Häufige Verwendung als Partizipialattribut: *gsodēni Härdepfl* ‚gekochte Kartoffeln, Pellkartoffeln' FLEIG 65, ähnlich RUST, SCHWENDEMANN ORT. 1, 66, WAHR 28, 1973 WALDAU, ELLENBAST 28. 66; *Bibiliskäs un gsoddini Ärdepfl* SCHMIDER KK 115; *gsotne bódəbirə* 1973 ITTEND.; *s g'sodini Ai* ‚hartgekochtes Ei' SCHWENDEMANN ORT. 1, 69; *gsodəni eir* MENG 160; *gsotə rịndflaiš* 1977 LAUFEN; *ä gsodəni brädsl* ‚eine Brezel, die vor dem Backen kurz in kochendes Wasser kommt' 1913 ETTHM; auch ellipt.: *gsoddini* ‚Pellkartoffeln' 1979 RUST; *wāị̄ksọtəṇị* ‚weich gekochte Eier' 1981 Schönwald; subst.: *Gsòdənes un Prāgəlds* ,Gekochtes und Gebratenes' Schwendemann Ort. 3, 41, ähnlich *Gsollenes un Gebrolenes* Feudenhm; Ra.: *deß isch nedd zum Siede un nedd zum Broode* ,das ist weder das eine noch das andere' Litterer 309; Wortspiel: *d sunnə gōt im ostə uf un d wuršt im sīdə* ,Die Sonne geht im Osten auf und die Wurst im Süden/Sieden' Joos 296; Kinderspr.: Ausruf des Gefallens: *au, gsodə!* ,sauber!' Karlsr. – **b)** ,(Essen) kochen, Speisen o. ä. garen' Wahr 28, 47, Kirner 383; 1484 *Daby soll man die kost sieden und braden, die die herrn und der hubner uff den tag essent* Bad. Weist. 3, 56; 1819 ... *stoße alles wohl unter einander zu Pulfer, ... laß es alsgemach sieden, bis sich die Margretli alle zu Boden setzen ...* Arzneybuch Bierbr. 6; *Nimm 1 Loth Baumöhl und Silbergletti 1 Pfund, siede es in einer Pfanne, und wann es bald gesotten ist, so ...* eb. 5. – **c)** ,aufkochen, zum Kochen bringen'; *miliχ siədə* Ellmendgn; *g'soddə Butter* ,Butterschmalz' Münchw. – **3)** übertr. ,wütend, zornig sein' von Personen; *En ganz rote Nüschel (Kopf) häter zmal überchumme, dä Herr Bross, ä Zoache (ein Zeichen), dass er aafgange hät, z'süde* Flügel 87. – Ahd. *siodan*, mhd. *sieden* ,wallen, kochen'. – Weiteres → *Pfaffe 1d, braten 1, Ei 1, II verwellen, Flädlesuppe, Glut, Gumpist 1, Kartoffel 1, Kienlein, Mehlsuppe 1, Metram, Milch 1a, rot 1, Schaum 1, schnetzeln 1, Schwitzwasser 2, Strähl*; vgl. *versieden, hart-, ungesotten*; vgl. *kochen, II quellen, II schwellen 3, sprudeln, strudeln, wallen, wellen*. – DWb. 10/1, 867; Els. 2, 327; Fischer 5, 1395. 6/2, 3114; Pfälz. 6, 105; Ruoff. Frk.- alem. Sprachgrenze Kt. 55; Schweiz. 7, 310; SDS III, 17. V, 205; SSA II/34.50. III/1.204; Südhess. 5, 1026; SUF IV, 89.

Sieder *sīdv* Rapp. – m.: ,Arbeiter im Sudhaus der → *Saline*' Meis. WB. 13. 153b. – Vgl. *Biersiederhaus, Hofseifen-, Käfer-, Lehm-, Leim-, Salpeter-, Seifensieder*; vgl. *Saliner*. – DWb. 10/1, 881; Fischer 5, 1396; Pfälz. 6, 106; Schweiz. 7, 315; Südhess. 5, 1026.

Sied-fleisch *sīdfḷaiš* Sulz; *sīədfḷaiš* Möhrgn; *sīdfḷaiš* Konst. – n.: ,Kochfleisch, (Rind-)Fleisch zum Sieden (→ *sieden 2a*)' Joos 172, Kirner 383. – DWb. 10/1, 882; Fischer 5, 1396.

sied-heiß → *siedigheiß*.

Siedig „Siedisch" Philippsburg – m.: ,cholerischer, mitunter gewalttätiger Mensch' Odenwald MPh. 100. – Vgl. *Hitzeblitz 1*.

siedig *sīdiš* Mannhm, Oftershm; *sīdiχ* Eberb.; *sīdiχ* Heidelbg, mancherorts Bruhrain, Rapp.; *stli* O.Scheffl.; „siedich, siedlich" Jöhlgn; *sīdig* Durmershm, Spessart, Konst.; *sīdi* Ottersd.; *sīd(ən)ig* O.weier (Rast.); *siədig* Appenw., Durb., Schutterwald, Hofw., Schonach, Tribg, Gremmelsb., Radolfz.; *sēədi* Altenhm; *sīədig* Schenkenz., Schonach, Möhrgn, Stahrgn; *sīədig* Hügelhm; *sīədik* Möhrgn. – Adj.: **1)** ,siedend heiß, kochend' 1986 Mannhm, Schwarz 75, Ruf 42, G. Maier 158, 1935 Durb., Braunstein N 1, 13, Fleig 134, Bayer 62, Beck 137. 175, 1977 Hügelhm, Kirner 383. 514, Staedele 49, Ellenbast 66, Joos 172, Heidelbg/Bad. Heim. 1917, 86, O.weier (Rast.)/ZfDMu. 1916, 283; *sīədig wasər* ,siedendes Wasser' 1962 Schenkenz., ähnlich Frei Schbr. 149; *sēədi māχə* ,die Milch sieden, aufkochen' Fohrer 90. – **2)** ,sehr warm, heiß' 1980 Mannhm, Heidelbg, Durmershm; *s tribt mer de siedige Schweiß rus* ,mir ist es glühend heiß' Lahr; *Wem wott au so e guede frische Schobbe nit schmecke bi so ere siadige Hitz?* Ganther Stechp. 50; *Do ka m'r ebbis v'rlewe, b'sunders wenn d' Sunn so siadig brennt* eb. 31. – **3)** übertr. ,aufgebracht, wütend, rasend, heftig' Schwarz 75; *do kummt im siadige Kalopp e Schäferi nig'sprunge* Ganther Stechp. 131; *e siedigs gschrā* ,ein heftiges Geschrei' Eichrodt 25; *ti sītiχ krenjk* ,hitziges Fieber' Heidelbg, ähnlich Roedder Vspr. 527b; *siedicha Deifl* ,rasender Teufel' 1976 Jöhlgn, ähnlich Bruhr. 164, Durmershm, Höhn Mei Pforze 111; Raa.: *ab wii in siidischa Daifl* Frei Schbr. 149; *lāfə wi dv sīdiχ daifl* Meis. WB. 153b; *r is gfārn wjon sīdišə daffl* ,er fuhr drauf los wie ein rasender Teufel' 1952 Eberb.; *diχ sol də sīdig deifl hōlə* Lauinger 23; *e siedigs Dunderwädder* Glock Breisg. 5, ähnlich O.weier (Rast.)/ZfD Mu. 1916, 283; *Dann soll doch aber ein siedig's Donnerwetter drein schlagen!* Maidy Koch Vergang. 55; *daß sie wia's siadig Wedder zue d'r Diar nus, uf un d'rvu sin* Ganther Stechp. 81; *un wia's siadig Hexewedder isch des Fuhrwerkli mit 'm Suecher un mit 'm G'suechde üwwer d'Fernacher Bruck* eb. 72; *ein siediges Gewitter schlage ein!* ,der Teufel soll es holen' Romeo Tann. 130; heitere Verwünschung: *dich sol ə siədigi Grod bfäzə* ,dich soll eine wütende Kröte kneifen' Fleig 134; Neckspruch über Tiefenbach: *Die Diefenbacher Ratze(n) reite uf de(n) Katze(n), Reite uf de(n) Bänk, sie krije(n) die siedich Kränk*. Heilig Ortsn. 122. – Mhd. *siedic* ,siedend'. – Weiteres → *Teufel 1, Distelfink, Donnerwetter, Kränke, Kuhdreck, I sein B2d*; vgl. *heiligsiedig*; vgl. *heiß 1, kochenig, kochig, süttig*. – DWb. 10/1, 883; Els. 2, 327; Fischer 5, 1397. 6/2, 3115; Pfälz. 6, 106; Schweiz. 7, 317; Südhess. 5, 1027.

Siedig-heiß m.: ,Hitzewallung'; *Miä geed dä Siidich Haais aus* Östrgn/Dischinger 176. – Fischer 5, 1397 (unter *siedigheiß*).

sied(ig)-heiß *sīdhās* Tauberbisch.; *sīdihās, sīdihąs* Hettgn; *sīdhēs* O.scheffl.; *sīlīshās* Schriesm; *sīdīshēs* Mannhm; *sīdhēs* Heidelbg; *sīdigḥais, -hais* Heidelbg, Rapp., Östrgn, Hochstet. (Link.), Rohrb. (Epp.), Pforzhm; *sīdhōs* Oftershm; *sīdīshąs* so u. ähnl. Sandhsn, Feudenhm; *sīdiχhas* Mönchz.; *sīdighais* Spessart; *siadighais* Pforzhm, Appenw., Lahr, Münchw.; „siediheiß" Neusatz; *sīədiheis* Altenhm; *sidighais* Reute (Emm.); *sēədighajs* Hügelhm; *sīədighajs* Furtwangen, Weil a. Rh.; *sīədikhǭvs* Möhrgn; *siədighǭs* Radolfz. – Adj.: **1)** ,sehr heiß, kochend heiß' Heilig WB. 14. 16, Herwig-Schuhmann 114, Lehr Kurpf.² 136, Liébray 275, Reichert 57, Lauinger 23, G. Maier 158, 1978 Weil a. Rh., Kirner 383, Ellenbast 66; *seädighais's Was'r* Schwendemann Ort. 1, 76, ähnlich 1977 Hügelhm, 1972 Furtwangen; *siš sīədihēis* 1976 Altenhm; *Dr Kaffee isch siädrig heiß* Braunstein Raa. 33; *siedig heiss am Kopf* Höhn Mei Pforze 19; *s isch mer siedig heiß* Lahr; *'s isch e siadig heiße Daggsi* Ganther Stechp. 68; *Miä isch-s siidich haais wǫrrä, wu-mä dess äigfallä isch* Dischinger 176, ähnlich Wagner 184. – **2)** Adv., übertr. ,plötzlich, mit Schrecken'; in der Ra.: *s is mər sīdi hēs aifǫlə* Hettgn, ähnlich Herwig-Schuhmann 114, Wagner 184, Rohrb. (Epp.), Heidelbg/Bad.Heim. 1917, 86; *Des is mer siedischheeß ōigfalle* Bräutigam Mach 115; *miv felt sītiχ hais aiⁿ* Heidelbg; *sīdhēs is mər s iwər də bugl gəlǭfə* Roedder Vspr. 527, ähnl. *un siadig heiß isch 'm 's d'r Buckel nuf gange* Ganther Stechp. 34. – Weiteres → *einfallen 4a*; vgl. *feurigheiß, heiß 1, siedig 1*. – DWb. 10/1, 883 (*siedigheisz*); Els. 1, 381; Fischer 5, 1396f.; Pfälz. 6, 106; Südhess. 5, 1026.

siedig-scharf Adj.: ,sehr gut geschärft'; *Wie siedigscharpf isch s gschliffe gsii* Baum Huus 60. – Vgl. *gehauig, schneidig 1*.

Siedler *sīdlər* Elsenz. – m.: ,Inhaber eines Aussiedlerhofes außerhalb des Dorfes' 1961 eb. – Vgl. *Einsiedler*. – DWb. 10/1, 884; Schweiz. VII, 303 (*Sid(e)ler*).

Siedler-hof *sīdlvhōf* Laudenb.; Pl.: *sīdlvhēfə* Laudenb.;

sīdlvhēf Schutterwald. – m.: ‚außerhalb des Dorfes angesiedeltes Gehöft/landwirtschaftliches Anwesen'; *dswölf sīdlvhēfə* 1976 Laudenb.; *dǫ drǫwə sįn dį sīdlvhēf ęndśdandə bį hofwīr* 1972 Schutterwald.

Siedlerin f.: FlN Haslach (Freib.); 1327? *nebent der sidlernun bim birboum* Bad. Flurn. I, 3, 231; 1423 *der von allerhl. zidlernun* eb.; 1618 *Matten am Neuen Graben, die Siedlerin gen.* eb. – Laut Bad. Flurn. I, 3, 231 wohl zu einem FN. – DWb. 10/1, 884.

Siedling nur in → *Altsidling*.

Siedlung *sįdlųŋ* Eberb. (älter, 1953), *sįdluŋ* (jünger) eb.; *sįdluŋ* Laudenb., Friedrichsd., Weiler (Pforzh.), Freiamt; *sįdlig* Reute (Emm.) (jünger *sįdluŋ*), Schlächtenhaus; *sįdluŋ* Ludwigshafen; Pl.: *sīdluŋə* Laudenb., Freistett, Reute (Emm.). – f.: 1) allg. ‚Niederlassung, Ansammlung von Häusern' Eberb. Geschichtsbl. 1953, 18, 1976 Laudenb., Friedrichsd.; *also dā mus au ə rēmišə* (römische) *sīdluŋ gwę̄sə sai* 1970 Reute (Emm.); *sįn jedsərd dī sīdluŋə dō nüskųmə* 1955 Freistett. – 2) ‚Anlage von Reihenhäusern', nach dem Zweiten Weltkrieg häufig auf der grünen Wiese entstanden; eine in einer alten Lehmgrube errichtete Wohnsiedlung Ziegelhsn/Bad. Flurn. III, 6, 61; *Paprikasiedlung* scherzh. Bez. für den für deutsche Volkszugehörige aus der Batschka (Südosteuropa) angelegten Ort Kirchfeld bei Karlsruhe, dessen Bewohner den Anbau von Paprika einführten 1962 Neureut; *ə gandsį sīdlig döt hįndə* 1978 Schlächtenhaus; *an də sīdluŋ drowə, des haisd įm owvdǫrf* 1955 Weiler (Pforzh.); *dǭ homər ę grī̜əgərdęŋmāl įn d sįdluŋ gmaxəd* 1973 Ludwigshafen. – Laut DWb. 10/1, 866 zwar bereits im mhd. Komp. *sidelungerēht* belegt, jedoch erst im 19. Jh. üblich geworden. – Weiteres → *Kaff*. – DWb. 10/1, 866; Pfälz. 6, 106; Südhess. 5, 1027.

Siedlungs-hof *sīdluŋshöf* Reute (Emm.), Owgn; Pl.: *sīdluŋshef* Freistett. – m.: dass. wie → *Siedlerhof*; *auf əm nejə sīdluŋshöf* 1973 Owgn; *dswęlf šęnį sīdluŋshef kųmə jeds įn də ręnxəmv mejwald* 1955 Freistett.

Siefer FN: 1927 Münchw., wohl eine Variante von → *Siefert*.

Siefermanns Hof m.: FlN Ettlgn, Zinsgut des Klosters Frauenalb, benannt nach dem ursprünglichen Inhaber oder Nutzungsberechtigten; 1532 *vonn synr fronen genant syffermans hoff* E. Schneider Ettl. 2, 183.

siefern *sīfərə* Kappelwi. – schw.: ‚speicheln, den Speichel aus dem Mund triefen lassen' Burkart 151. – Laut DWb. 10/1, 885 nur im Nhd. hier und da bel. – Vgl. *trielen 1a, geifern 1a, gleifern, sabern, seifern 1*. – Fischer 5, 1397 (*siferen*).

Siefer-spring ohne Gen.: Hofn. in Ödsbach Krieger 2, 992; 1499 *Syferspring* eb. – Nach Alem. 35, 148 Bestimmungswort zu mhd. *sīfe*, also ‚Ursprung, Quelle eines Sumpfbachs'.

Siefert FN: verbr. in der Rheinebene, bes. westl. und südl. von Lahr Klausmann FN 87. Kt. 33, Nied Freib. 77. – Geht zurück auf den männlichen VN → *Siegfried*. – Vgl. *Seitz, Siefer, Sievert*.

Sieferts-dobel *sįefərsdǭwəl* Reichenb. (Gengb.). – m.: FlN, benannt nach dem Besitzer, der das Gelände im Spiel gewonnen hat 1932 Reichenb. (Gengb.). – Zum Grundwort s. → *Dobel*.

Sieg *sīg* O.scheffl., Handsch., Oftershm, Rapp., Mörsch, Ichenhm, Reute (Emm.), Furtwangen, Stockach. – m.: ‚Erfolg, Gewinn, Triumph über einen Gegner' Lenz Wb. 65b, Roedder Vspr. 527b, Liébray 275, Meis. Wb. 153b, Fuchs 110; *hürä ... dər sīg įš mīr* 1955 Ichenhm; *mīr mę̄ən fesd an sīg glauwə* 1974 Furtwangen. – Ahd. *sigu*, mhd. *sige, sic*. – Weiteres → *Saus 2*. – DWb. 10/1, 886; Fischer 5, 1397 (*Sig*); Pfälz. 6, 106; Schweiz. 7, 485 (*Sig*); Südhess. 5, 1027.

Siegel *sįχl* O.scheffl., Rohrb. (Epp.); *sįγl* Handsch., Oftershm; *sigl* Rapp., Mörsch, Stockach; *sīgl* Kappelwi., Ottenhm, Tribg, Waldk. (Elzt.), Reute (Emm.); *sīgəl* Eschb. (Waldsh.). – m. (n. in O.scheffl., Handsch., Eschb. (Waldsh.)): 1) ‚Stempelabdruck in einer weichen Masse bzw. Instrument dazu' Roedder Vspr. 527b, Lenz Wb. 65b, Liébray 275, Meis. Wb. 153b, Burkart 197, Heimburger 221, Fuchs 46, W. Rothmund 15; 1520 *welche brieff / sigel / vnd ouch die müntz felschen* Freib. Stadtr. 96a; 1577 *und also seiner ehrnvesten siegel nicht aufgetruckt worden* Bad. Weist. 1, 117; 1606 *mit mund, schrifft und siegeln bestettigt* eb. 2, 215; 1667 *Weil sich selbige gemeind niemalen eines sigelß gebraucht, so werden alle deroselben handlungen und contracten durch einen herrschaftlichen beampten und keller dießes orts confirmirt und gesiglet* eb. 4, 177; 1713 *mit des handwerks sigill bekräftiget* eb. 3, 22; *Ich haww emol e Siegel gfunne, / 'S war ziemlich schwer, in Schtahl grawirt, / Un hiñ un her haww ich mich bsunne / Wer des coriose Wabbe führt* Nadler 91; *Diplome kann mar nor erkenne, / Ob echt, ob falsch, an dem Sigill* eb. 92; *So lang des Siegel war verlore, / War Gfohr for unser Wissenschaft* eb.; in der Wendung *Brief und Siegel*: 1562 *Vermög brief und sigill ist der fron halb verglichen wie nachgeschrieben* Bad. Weist. 2, 277; 1565 *was und soviel den weinzehenden, auch das kelterrecht berüren tut, welchs laut brief und siegel dem junkern zustendig, ...* eb. 1, 292; 1606 *die andern zwei teil ist etlicher gemeinsleut zu Aspach, welche solchen erblich vermög ihr brief und siegel bestanden* eb. 74; vgl. *Pitschaft, Stempel*. – 2) ‚Schmutzfleck in der Kleidung'; *ə sįgl im hęm* ‚das Hemd mit Kot beschmutzt' 1938 Waldk. (Elzt.); *èn Siigl im Hem oder in dr Hoosè* Fleig 134; Fastnachtsvers: *Wenn oiner ob de Weibe goht / und hot en Siegel im Hemd, / no kann er reibe wiener will, / me sieht en doch eweng, d. h. Fehler oder Schandflecken, die man bei der Brautschau zu verbergen sucht, kommen doch ans Tageslicht* Messk./Hegau 1981, 21, ähnl. Bertsche 101; vgl. *Mase 1, Schnauzer 1c*. – 3) FN, nach 1809 bei Juden v. a. in Nordbaden gebr., aus Hausnamen entstanden Dreifuss FN Jud. 101; vgl. *Sichel 3b*. – Mhd. *sigel* ‚Stempel', aus lat. *sigillum*. – Weiteres → *Amtmann 2, Graveur, krack, lösen 1a, Schlüssel 1a*; vgl. *Inge-, In-, Salomonssiegel*. – DWb. 10/1, 895; Els. 2, 338 (*Sigel*); Fischer 5, 1398 (*Sigel*); Pfälz. 6, 106; Schweiz. 7, 491 (*Sigel*); Südhess. 5, 1027.

Siegelau *sīglǫi* Freiamt; *sīgəlau* Schweighsn, Siegelau; *sīgəlaų* Bleib. – ON: Dorf bei Waldkirch (Elzt.), heute Ortsteil der Gemeinde Gutach (Elzt.); 1251 *Sigilnowe* Krieger 2, 992; 1364 *Sygelaw* eb.; 1545 *zu Sigellow* eb.; *im sīgelau* Siegelau, Schweighsn, ähnl. Freiamt; *uv sīglǫi hįndəri* 1980 Freiamt; *įx gǫŋ sīgəlau nī* ‚ich gehe nach S. hinein' Bleib.; Spottvers: *Im Siegelau do isch de Himmel blau, do hopse d Lis un d Flä mit samt em Bett in d Hä* Buchholz. Neckname der Bewohner s. → *Zweiköpfige*. – Ausführliche Beschreibung zur volkskundlichen Überlieferung in Alem. 25, S. 1-62.

† **Siegel-graber** m.: ‚wer berufsmäßig das Zeichen oder die Schrift eines Siegels (→ *Siegel 1*) in z. B. Stein oder Metall ritzt/sticht'; *Pythagoras deß sigel grabers Mnesarchi Son* Pict. Leibs Artz. 1b. – Mhd. *sigelgreber*. – Vgl. *Graveur*. – DWb. 10/1, 905 (*Siegelgräber*); Fischer 5, 1399 (*Siegelgräber*).

Siegel-lack *sįχlag* Hettgn; *(d)sįγllag* O.scheffl.;

sigəlag OFTERSHM; *siglag* RAPP., MÖRSCH; *siglag* O.WEI-ER (RAST.); *sīgllag* KAPPELWI.; *sigəllak* ERDMANNSWLR; *sigəlàkh* LÖRRACH. – m.: ‚schmelzbare Masse zum Versiegeln von Briefen' LIÉBRAY 275, MEIS. WB. 153b, BURKART 232, BESCH 25, BECK 202, O.WEIER (RAST.)/ZFD MU. 1916, 244; *fər drai bfenĩ (d)siɣllak, dər fādər wil n brīf dsūbadsīrnə̃* (zupetschieren) ROEDDER VSPR. 527b, die als fakultativ angegebene Affrikate in O.SCHEFFL. führt ROEDDER VSPR. 581a auf eine Assoziation mit *Ziegel* (wegen der roten Farbe) zurück. – DWb. 10/1, 906; Els. 1, 580 (*Sigellack*); Fischer 5, 1399 (*Sigellack*); Pfälz. 6, 107; Schweiz. 3, 1231 (*Sigellagg*); Südhess. 5, 1028.

siegeln *siɣələ* HETTGN; *siχlə* O.SCHEFFL.; *sīglə* OFTERSHM; *sigla* RAPP.; *sijelẹ* MÖRSCH; Part.: *gsiɣəld* HETTGN; *gsíχld* O.SCHEFFL.; *gsigld* RAPP. – schw.: ‚mit einem → *Siegel 1* versehen' ROEDDER VSPR. 527b, LIÉBRAY 275; 1595 *daß gericht Hockenheim hat darüber gesiegelt* BAD. WEIST. 3, 216; 1667 *so werden alle deroselben handlungen und contracten durch einen herrschaftlichen beampten und keller dießes orts confirmirt und gesiglet* eb. 4, 177; *ən briif siglə* MEIS. WB. 153b. – Mhd. *sigelen*. – Vgl. *be-, versiegeln*; vgl. *pitschieren 1*. – DWb. 10/1, 907; Els. 2, 338 (*siglen*); Fischer 5, 1400; Pfälz. 6, 107; Schweiz. 7, 502 (*siglen*); Südhess. 5, 1028.

Siegel-ring *sīglring* REUTE (EMM.). – m.: ‚Fingerring mit eingraviertem → *Siegel 1*'. – Vgl. *Pitschaft*. – DWb. 10/1, 910.

Siegels-bach *siglšbax* mancherorts Kraichgau, RAPP.; *sīχls-, siχlsbax* mancherorts N-Baden. – **1)** ON: Gemeinde bei Bad Rappenau HUMBURGER 187, MEIS. WB. 153b, ZFORTSN. 1931, 113; 1258 *Sigelspach* KRIEGER 2, 993; 1360 *Sygelsbach* eb.; 1427 *Segelspach* eb.; Neckn. der Bewohner → *Rauchschwalbe 2* HEILIG ORTSN. 121, MEIS. VK. 42. – **2)** m.: Bach bei Kappel i. T., dort in den Reichenbach mündend FREIB./BAD. FLURN. I, 3, 231. – Fischer 5, 1399 (*Siegelsbach* unter *Sigel*).

† **Siegelung** f.: ‚der Akt des Siegelns'; 1611 *doch uns und unsern nachkommen der siglung halben in aller weg ohne schaden* BAD. WEIST. 3, 242; 1667 *Siglung gemeiner sachen und urkunden* eb. 4, 177; 1668 *Die siglung der geburtsbrief beschicht von gemainer statt wegen von beeden rentbaumeistern* BUCHEN/OSTR. 1097. – Mhd. *sigelunge*. – DWb. 10/1, 911.

Siegen m.: ‚tiefer Graben, Wassergraben' SCHÖLLBRONN/UMFR., VÖLKERSB./eb. – Zur Etymologie s. → *Eichensiegen*. – Vgl. *Dorfsiegen*. – Pfälz. 6, 107.

siegen *sīχə* O.SCHEFFL.; *sīja* OFTERSHM, MÖNCH-Z., SPESSART; *sīgɐ* REUTE (EMM.); *sīgə* ERDMANNSWLR, STOCKACH; Part.: *gsīgt* O.SCHEFFL. – schw.: ‚sich im Spiel, Kampf gegen einen Gegner durchsetzen' ROEDDER VSPR. 527b, LIÉBRAY 275, LAUINGER 14, SANDW., FUCHS 11a; *Manch kubbernäsger Riddersmann, / Wann nit die Chronik lügt, / Hot añgebunne mit de Herrn, / Keeñ eenziger hot gsiegt* NADLER 89; in der älteren Mu. selten, dafür → *gewinnen 1, meistern 2* bzw. *Meister 2* werden, *zwingen*. – Mhd. *sigen*. – Vgl. *ange-, be-, gesiegen*. – DWb. 10/1, 912; Fischer 5, 1399 (*siegen*); Pfälz. 6, 107; Schweiz. 7, 486 (*siegen*); Südhess. 5, 1028.

Sieger *sīχər* KÖNIGHM; *sīja* ÖSTRGN, SPESSART; *sīgɐ* SCHUTTERWALD; *sīgr* REUTE (EMM.). – m.: ‚Gewinner im Spiel, Kampf' DISCHINGER 176, LAUINGER 14; *der wār dr sīχər* 1972 KÖNIGHM; *ündɐ ümšdendə misə dī jēwəiligi sīgɐ noχəmōl gēgənənandər šbīlə* 1972 SCHUTTERWALD; in der älteren Mu. selten, dafür → *Gewinner, Meister 2*. – DWb. 10/1, 916; Fischer 5, 1400; Pfälz. 6, 107; Schweiz. 7, 488; Südhess. 5, 1028.

sieges-frei Adj.: ‚schulfrei anlässlich einer siegreichen Schlacht', veraltet BADEN-B. – Vgl. *eis-, gold-, kohlenfrei*.

Siegfried *sīgfrīd* HÜFGN; *sīgfrid* LIGGERSD.; häufiger in Kurzformen wie: *sikəs* WIESLOCH; *sigi* HARTHM (FREIB.); *sīgi* Markgräflerland. – m.: männl. VN T. RAUPP 133, PFRENGLE HARTHM 38, WITZ 56. – Weiteres → *lampen 1*. – Fischer 5, 1400 (*Siegfrid*); Pfälz. 6, 108; Schweiz. 7, 488 (*Sigfrid*); Südhess. 5, 1028.

Siegfrieds-brunnen m.: FlN, in Stein gefasste Quelle bei ODENHM; Siegfried soll hier von Hagen erschlagen worden sein KÜNZIG 123. – Südhess. 5, 1028 (*Siegfriedbrunnen*).

Siegfrieds-haare *-hār* FREIB. – Pl.: ‚Haare an den Beinen von Knaben' (1926).

Siegler nur in → *Weinsiegler*.

Siegli-bau „*siglibu*" GUTMADGN. – m.: FlN, Äcker längs des *Sieglibaugrabens* bei Gutmadingen; 1585 *im Siglibaw* BAD. FLURN. I, 1, 29; 1681 *im siglebau* eb.; 1786 *zum Siglibau* eb.

Si(e)gmund *sīsmund* EBERB.; *sigmund* STAHRGN; häufiger in Kurzformen wie: *sigɐ* ETTHM; *sigi* HARTHM (FREIB.). – m.: **1)** männl. VN 1914 ETTHM, PFRENGLE HARTHM 38; *də sigmund fu dsęɐ̣ll* STAEDELE 12. – **2)** FN EBERB.; *di s'sīsmunds bās* (→ *Base 4*) ‚die Frau Sigmund' 1950 eb. – Weiteres → *II sein B3a*. – DWb. 10/1, 945; Fischer 5, 1401. 6/2, 3116 (*Sigmund*); Südhess. 5, 1028.

Sieg-partel *sīgba'tl* RAUENBG (WIESL.). – m.: ‚Kegelspiel mit zwei Parteien' eb. – Vgl. *Partelpartie, Partie 1b*.

Siegrist FN: verbr. im Raum KARLSR., südl. Kraichgau KLAUSMANN FN 207. Kt. 93. – Zu → *Sigrist* ‚Kirchendiener'.

Siegrund „*sigrunn*" SPRANT. – m.: FlN, Acker, Wiese; 1539 *acker genant der siggrund* E. SCHNEIDER SPR. 305; *inn Sigckenn grund* eb.; 1777 *Zich Grund* eb. – Vgl. *Sick(l)inger Grund*.

Siehst-mich-nicht *sīšdminəd* O.SCHEFFL. – n.: ‚Dämmerung, Dunkelheit', scherzh.; nur in der Wendung: *zwischä Daag* (bzw. *Licht, dunkel*) *unn Siischminedd* DISCHINGER 176, ähnlich ROEDDER VSPR. 527b; *zwische Daag un Siehschminät kummi zudder* HUMBURGER 186; *D' Lüt sage, me säch en am meischte so zwüsche Liecht un Siehschminit* GERSB./MEIN HEIMATL. 1922, 32. – Weiteres → *Tag 1, dunkel*; vgl. *Dämmerung*. – Fischer 5, 1402 (*sihstmichnicht*); Pfälz. 6, 108.

Siel-bengel *sīlbęŋl* so u. ähnl. verbr. östl. Markgräflerland, Dinkelberg, Hotzenwald; *sil-, sịlbeŋl* NOLLGN, SCHWÖRST., HERRISCHRD, STRITTMATT, ROTZGN, BUCH (WALDSH.), BIRND.; *sịlbaŋl, -bəŋəl* WIES, SCHLÄCHTENHAUS, HAUSEN I. W., HASEL, HAUGN, ADELSHSN, WEHR; durch Assimilation entstandene Formen: *sim-, sịmbaŋl* mancherorts Dinkelberg, südl. Markgräflerland; „*Sinbängel*" RHEINF.; durch Kontraktion mit Artikel: *dsịlbaŋl* TEGERNAU, BIRKGN; Formen mit Tilgung(en): *sī-, sịbęŋ(ə)l* mancherorts Hotzenwald; *sịbęŋ* O.WIHL; zur Verbr. s. Kt. → *Ortscheit*. – m.: **1)** ‚Querholz zum Befestigen der Zugseile für das Zugtier' (am Wagen) RÜ. HOFFMANN 89, SCHÄUBLE WEHR 137, BIRND./UMFR. – **2)** ‚Querholz zum Zusammenhalten der Wagenleitern' SÄCKGN/UMFR. – Zum Grundwort s. → *Bengel 1*. – Zu Bed. 1 vgl. *Ort-, Sielscheit, Ziehbengel*; zu Bed. 2 vgl. *Leiterscheit*. – Schweiz. 4, 1373 (*Silbengel*).

Siele(n) *sīlə, -ī-* HAINST., WINTERSD., MOOS (BÜHL), ACHERN, verbr. Ortenau, TIENGEN (FREIB.); *sēələ* HELMLGN; *sīələ* RHEINBISCH., AUENHM, HOHNH.; *sēlə* MARLEN, ALTENHM; *silə, -i-* BERGHAUPTEN, mancherorts nördl. Breisgau, GLOTTERT.; *sīlɐ* REUTE (EMM.); *dsil* (wohl durch Kontraktion mit Artikel) KALTENB., MALSBURG; *sil*

Kirchen (Efrgn); *sįl* Wollb.; Pl. wie Sg. – m., (n., f.): **1) a)** ‚Brustblattgeschirr für Zugtiere, breites, um die Brust gelegtes Lederband' Huber hs. 15, Meng 247, Fohrer 174, O.schopfhm/ZfhdMu. 1, 331; *ein neues Sillen* Etth. Zeit. 4.5.1922; *mit festgeflochtnen Sillen* Burte Patr. 149; *Er bat sie, ihm eine Sille zu leihen ... und ging, als er die Sille erhalten, gleich nach Hause* Bernhard Baader Vs. 96; Ra.: *sterben in den Siehlen* ‚mitten in der Arbeit sterben' Burte Flügelsp. 69; *där schdirbd in de Sülle* ‚er arbeitet bis in den Tod' 1991 Braunstein, ähnlich *in dv Sīlv gschtorwv* Reute (Emm.). – **b)** ‚Ortscheit' 1939 Kaltenb., Malsburg, Wollb., Kirchen (Efrgn)/Rü. Hoffmann Material. – **2) a)** ‚Band an der Schiffsleine, das zum Ziehen über die Brust gelegt wird' Marlen. – **b)** Pl.: „*Sihle*" ‚Hosenträger' Dertgn/Wibel Mu. III, 19. – **3)** ‚Brust' *er hett e breite Sille* Heimatbote Kippenheim, Jan. 1932, S. 7; *es fehlt mir uff em Sille* eb.; *es sitzt mir uff dem Sille* eb. – Ahd. *silo*, mhd. *sil(e)* (m., n., f.) ‚Riemen, Geschirr für Zugvieh'. – Weiteres → *Huppe*; vgl. *Halfter*, *Kummet 1*. – DWb. 10/1, 953. 1058; Els. 2, 351; Fischer 5, 1402 (*Sil*); Pfälz. 6, 108; Schweiz. 7, 763 (*Sil*); Südhess. 5, 1029 (*Sil*).

Sielen-geschirr *sįləgšir* Ettlgn, Durmershm, Lahr; *sēləgšer* Altenhm; *sįləgšir* Etthm; *sįləgšjər* Elzach, St. Peter; *sįləgšįr* Münchw., O.bergen; *sīlvgšiar* Reute (Emm.); *silərgšį̄'r* Glottert.; lautlich abgewandelt „*stillagschirr*" Hochstet. (Link.). – n.: ‚einfaches, leichtes Zuggeschirr für das Pferd' Fohrer 174, Schwendemann Ort. 1, 110; „*Dieses Geschirr hatte man in unserer Gegend wenig*" Wagner 184; *2 Paar Sielengeschirre abzugeben* Freib. Zeit. 11.3.1919; *Sīlvgschiar fīrs rossfuårwårk* Reute (Emm.). – Vgl. *Brustgeschirr*. – DWb. 10/1, 957; Pfälz. 6, 108; Schweiz. 8, 1171 (*Silg(e)schir(r)*); Südhess. 5, 1033 (*Sil(en)geschirr*).

Sie-loch *sīlox* Schönbg (Offb.), Kenzgn, Wyhl. – n. (in Kenzgn jedoch offenbar m.): ‚Jauche-, Dunggrube' 1915 Kenzgn, 1980 u. 2006 Wyhl. – Etym. unklar. Gehört viell. zu *seihen*, das wiederum eng verwandt ist mit *seichen* (vgl. Kluge 664), hätte dann jedoch als *Seihloch* angesetzt werden müssen. – Vgl. *Seichloch 1*.

Siel-scheit *selšaid* Laudenb., Weinhm; Pl.: *sįlšeitr* Schwenngn; Dim.: *sįlšidlį* Wies; *elšitli* (wohl durch Verschiebung der Wortgrenze entstanden, bei der das anlautende *s*- zum Artikel gezogen wurde, vgl. Pfälz. 6, 108) mancherorts Klettgau. Formen, die vermutlich durch Kontraktion mit vorangehendem Artikel entstanden sind: *dselšaid* Grosssachsen, Rippenw., Ursenb.; *dselšaid* O.flockenb.; *tsilšeit* Heinstet., Schwenngn; „*Zielscheit*" Glashütte (Stock.). Häufig volksetym. an *Zügel* (mu. *dsigl* u. ä.) angelehnt: *dsiglšaid, -šeid, -šōd* verbr. Kurpfalz, Rheinshm, Kirrlach, Östrgn, Hochstet. (Link.); *dsiγlšaid* Handsch.; *dsiχlšaid* Wiesloch; volksetym. Anlehung an *Schild* ist ebenfalls verbr.: *šildšeid, -šaid* so und ähnl. östl. Taubergrund, O.scheffl., Obrighm, Stein a. K., Winzenhfn, Hoffenhm, Feudenhm, Schluttenb.; *šildšd* Pülfrgn, Mudau; *šilšd* Buchen, Hettgn, Osterburken; *šilšōd* Seckenhm; *šilšai* Plankst.; *sįlbšit* O.precht.; dazu Pl.: wie Sg. Mudau; „*Schildschter*" Pülfrgn; *šilšqidər* O.scheffl.; Dim.: „*Schildscheidle*" Hochhsn (Mosb.). Zur Verbr. s. Kt. → *Ortscheit*. – n.: ‚Querholz zum Befestigen der Zugseile für das Zugtier' (am Wagen) Dertgn/Umfr., Humpert Mudau 209, Roedder Vspr. 510a, H. Schmitt[2] 118, Bräutigam 69, Frei Schbr. 186, Herwig-Schuhmann 150, Lenz Wb. 65b, Treiber 96. 104, T. Raupp 54, Odenhm/Umfr., Wagner 202, P. Waibel 162, Baur Kt. 125, 1939 Rü. Hoffmann Material, Buchen/Der Wartturm Nov. 72. – Vgl. Syn. unter *Ortscheit*, dazu *Eingespänn*, *Halbwaage*, *Richt-*, *Zugscheit*, *Schlüsselwägle*, *Schwinge 3*. – DWb. 10/1, 957; Els. 2, 444 (*Silschit*); Fischer 5, 1406 (*Silscheit*); Pfälz. 6, 108. Kt. 350; Schweiz. 8, 1518 (*Silschit*); Südhess. 5, 1033 (*Silscheit*).

Siel-waage *silwōg, -wǭg* verbr. Mittelbaden, ob. Achertal, mancherorts ob. Renchtal, St. Roman; *selwōg* Schönbüch; *silwōg, -wǭg* verbr. Ortenau; *silwō* Grossw., Neusatz; *silwō, -wǭ* Wagsh., Ulm (Oberk.), Meissenhm; *selwōə* Mösb.; *sįəlwǭų* Auenhm; *sįəlwōų* Kork; *sįlwōu* Legelsh.; *sįəlwōų, -wōu* Willstätt, Hohnh.; *sįlwōi* so u. ä. Marlen, Hohnh., Altenhm, Meissenhm, Nonnenw., Wittenw.; *selwōī* Altenhm; durch Verschmelzung mit Artikel entstandene Form: *dselwōg* Nussb. (Oberk.); Pl.: *sįlwōgə* Ib. (Offb.); *sįlwōgə* Nordrach, O.harmersb.; Dim.: *sįlwēglə, -wēglə* Bühlert., Ottersw., Sasbachwa., Ulm (Oberk.); *sįlweiələ* Wagsh.; *selwēgl* Mösb.; *silwēgli* so u. ä. verbr. nördl. Schwarzwald, östl. Ortenau; *silwēgl* Marlen. Zur Verbr. s. Kt. → *Ortscheit*. – f.: ‚Querholz am Wagen zum Einspannen von ein oder zwei Zugtieren' Baur 146. 160. Kt. 125, R. Bayer 24, Meng 249, G. Maier 158. 182, Ochs-Festschr. 263, Fohrer 174, Marx 49, Braunstein 58, Bayer 62, Schmider KK 93. 124, Mittelbaden/ZfdMu. 1913, 362, Lauf/Acherbote 17.6.1922; *d glǫį sįlwōg* 1978 Ib. (Offb.); *ə grōsi silwōg* 1978 Griesb. (Freudenst.); *ə ǫindsəlnə sįlwōg* 1979 Peterst.; *doblsįlwēgli* ‚Doppelzugscheit' Reichenb. (Gengb.). – Vgl. Syn. unter *Ortscheit*, dazu *Doppel-*, *Halbwaage*. – Schweiz. 15, 681 (*Silwag*).

Siel-waagen-scheit *sįlwōišid* Nonnenw.; Dim.: *selwojašidlə* Altenhm; *sįlwǭgšidli* Griesb. (Freudenst.). – n.: dass. wie → *Siel-*, *Ortscheit* Fohrer 174.

Siemere *siəmərə* Tribg. – f.?: ‚Jammerlappen', Schimpfw.; *ä Siəmərə* Fleig 134. – Vgl. → *Ziemere*. – Schweiz. 7, 957 (*Simeri*).

sienen ‚jammern, leise murren (von Kühen)' → *sünen*.

Sienen-hof m.: FlN, Hof auf der Gemarkung Reute i. H. Krieger 2, 994.

Sieni ‚im Jammerton Sprechender' → *Süni*.

Siens-bach *siənšba* Sexau. – ON: Ortschaft im Elztal, heute Stadtteil von Waldkirch; 1309 *Sůnsbach* Krieger 2, 994; 1473 *Sōnspach* eb.; 1490 *Sůnspach ob Waltkilch gelegen* eb.; 1627 *zu Sienspach* eb. – Bed. laut Krieger 2, 994 ‚Bach des Suni'. – Weiteres → *I bis 1*.

Sieren-moos n.: FlN Allmannsd., Konst.; 1388 *die wis im Surimoss gelegen* Krieger 2, 994; 14. Jh. *Sürimos* Alem. 35, 148; 1470 *Sirimos* Krieger 2, 995; 1573 *Sürenmos* eb.; 1694 *Seurenmos* eb. – Laut Alem. 35, 148 zu mhd. *sürin mos* ‚am sauren Moos, wo Sauergras wächst'.

Sievert FN: bei Juden in Baden nach 1809 gebr. Dreifuss FN Jud. 111. – Geht zurück auf den männlichen VN → *Siegfried*, vgl. Konrad Kunze, dtv-Atlas Namenkunde, 3. Auflage, München 2000, S. 167 (*Siewert*). – Vgl. *Siefert*.

siezen *sįds* mancherorts ob. Markgräflerland. – schw.: ‚jem. mit Sie ansprechen', Höflichkeitsform Glattes 14; bei der Aushandlung der angemessenen Anredeform äußert eine Jugendliche gegenüber zwei Erwachsenen: *also iχ sįds oiχ wįdv* ‚ich sieze euch jetzt wieder (nachdem zuvor ein Du herausgerutscht war)' 2010 Herten. – Ggs. → *duzen*. – DWb. 10/1, 963; Schweiz. 7, 14; Südhess. 5, 1028.

sifferen *sifərə* Wehr; Part.: *gsifərət* eb. – schw.: ‚nässen (von Wunden)' Schäuble Wehr 137. – Viell. zu mhd.

Sifon – Sigstein

siffen ‚träufeln'. – Vgl. *sädern*. – Els. 2, 332 (*sifzen*); Fischer 5, 1397 (*siferen*).

Sifon *sifō̜* Auenhm; *sfōn* Etthm, Freib. – m.: **1)** ‚Flasche mit perlendem Wasser', Gastwirten 1936 noch bekannt Tiengen (Freib.). – **2)** ‚Bogenröhre bei der Ableitung des Wassers aus einem Pissoir oder einem Wasch-/Spülbecken (Geruchsverschluss)', Blechnersprache Meng 175, 1931 Etthm, 1949 Freib.; aus einer Blechnerrechnung: *am Schüttstein neuer Syphon angebracht* 1935 eb. – Laut Kluge 674 im 19. Jh. entl. aus franz. *siphon* ‚Gerät zur Erzeugung kohlesäurehaltiger Getränke'. – Pfälz. 6, 127 (*Siphon*); Schweiz. 7, 344 (*Siffong*).

† **Sifrids-gut** n.: FlN Arlen, Lehengut des Klosters St. Georgen in Stein a. Rh., benannt nach dem Inhaber, einem → *Siegfried*; 1330 *de bono dicto Sifrides gůt* Hegau-Flurn. 2, 70.

Sigare → *Zigarre*.

Sigeli(n)s-hof *sigelịshof* Reichenau. – ON: **1)** Weiler auf der Insel Reichenau Krieger 2, 995. – m.: **2)** FlN, ein ufernahes Seegewann vor der Insel Reichenau, benannt nach dem angrenzenden Weiler Möking 60f. – *Siglin* ist gemäß Möking 61 aus dem Jahre 1370 als Reichenauer Bürgername belegt.

Sigge *síkə* Schmiehm; *siggə* Gailgn, später (ca. 1930) *suggə* eb. – f.: ‚(Laub-)Hütte' Schmiehm; *an Sugges simmer als ge Sugge schdupfe gange zum Selligmennle* ‚am Laubhüttenfest sind wir gewöhnlich zum „Suggestupfen"' (kindlicher Unfug) ‚gegangen zum S.' (Eigenname) Guggenheim 23; *mer hen gsaagd „e Sigge"* eb. – Jidd. *Sigge*, zu hebr. *sukå* ‚Laubhütte für das Sukkot-Fest'. – Klepsch 2, 1401; Schweiz. 7, 520.

Sigges *sikəs* Schmiehm; *siggəs* Gailgn, später (ca. 1930) *suggəs* eb. – n.?: ‚das jüdische Laubhüttenfest' Schmiehm/Orten. 1918, 74; *mər hen gsägd ... sigges* Guggenheim 22; *umb mīr alsö epə dsēə dswandsg jōr šbētər hen gsägd sugges* eb. – Jidd. *Sukkes* u. *Sikkes*, zu hebr. *Sukkot* ‚Laubhüttenfest'. – Vgl. *Lauberhütte(n), -fest*. – Klepsch 2, 1402.

Siggi Kurzform der VN → *Siegfried* und → *Sigmund*.

Siggli ‚Kälbchen' → *Suckel*.

Siglanz m.: PflN; ‚Seidelbast, Daphne mezereum' Eichen/Alem. 43, 147, Schopfhm/Mitteil. 1913, 295. – Vgl. *Seidelblust, Zeiland*. – H. Marzell Wb. 2, 32.

Sig-mantel *sigmantl* Rapp. – m.: FlN Meis. Vk. 6, Meis. Wb. 153b.

Sigmaringen *semərịŋv* Hausen i. T.; *sịmareŋə* Gutenstein. – ON: Stadt an der oberen Donau; über die Bewohner von S.: *send hald lǫudtr sō hōfleid gksaē* ‚sind halt lauter Hofleute gewesen (= haben ihren Herren die Füße geleckt)' 1980 Gutenstein; Übern. der Bewohner ist → *Spüllumpenschlecker*. – Fischer 5, 1401 (unter *Sigmar*).

Sigmund → *Siegmund*.

Signal *signā̜l* Werthm; *sịŋnō̜l* Tauberbisch.; *sịŋnā̜l* Plankst.; *sẹynā̜l* Pforzhm; *signā̜l* U.mettgn. – n. (in Adersb. m.): **1)** allg. ‚visuelles oder akustisches Zeichen mit festgelegter Bedeutung' Platz 297, Heilig Gr. 66, Treiber 75, O. Sexauer 169, Reute (Emm.); vom Vorbereiten einer Sprengung: *dǫ gits tsēršt mǫl s signā̜l alsö absberə nüd mē dürəlō* 1971 U.mettgn; *Sie gehen auf die Hochstraße nauf / und packe dort den Signal auf* Adersb./BlBad Vk. 1908, 209. – **2)** speziell ‚Schild / Zeichen für den Eisenbahnverkehr' Platz 297. – Entl. aus franz. *signal* (m.) ‚Zeichen', dieses zu lat. *sīgnālis* ‚bestimmt, ein Zeichen zu geben'; vgl. Kluge 672. – Zu Bed. 1 vgl. *Losung*

2, *Mal* 2; zu Bed. 2 vgl. *Semafor*. – DWb. 10/1, 964; Fischer 5, 1401; Pfälz. 6, 112; Schweiz. 7, 508; Südhess. 5, 1029.

Signal-horn *signālhǫrn* Aach. – n.: ‚Blasinstrument (→ *Horn* 3), mit dem akustische Zeichen gegeben werden'; *iχ ha dǫχ nǫχ ę drombēdə khā nebm signālhǫrn hēr* ‚neben dem Signalhorn besaß ich auch noch eine Trompete' 1955 Aach. – Weiteres → *Roßhirt*; vgl. *Jagd-, Nebelhorn*.

signalisieren *signalisiārv* Reute (Emm.). – schw.: ‚(durch ein Zeichen) sichtbar, deutlich machen, auf etwas hinweisen' Reute (Emm.); *Damit dhun mir der Schtadt signalisire, / Daß mir in corpore deliwerire* ‚damit machen wir der Stadt deutlich, dass wir alle zusammen (hinter verschlossenen Türen) beratschlagen' Nadler 81. – Abl. zu → *Signal*. – Vgl. *zeigen*. – DWb. 16, 965; Südhess. 5, 1029.

Signau ON: Weiler der Gem. Grafenhausen im Hochschwarzwald; 1341 *Sigenowe* Krieger 2, 996.

Sigrist *sigrī̜št* Riegel; *sīgrī̜šd, sīgrī̜šd, -t* Endgn, vereinzelt südl. Schwarzwald, verbr. Hotzenwald, Dinkelberg; *sīgərī̜šd* Ebrgn (Freib.), Neuenburg a. Rh., Mamb., Weil a. Rh.; *sịgrī̜št* Wehr; *sigrš̜d* Buch (Waldsh.); *sīgrš̜d* Gaiss. – m.: **1)** ‚Kirchendiener' Klausmann 104. Kt. 75, 1932 O.münstert., Schäuble Wehr 137, SSA-Aufn. 288/8; 1423 *Item wir gent dem sigerist ze sant Einbett 13 s 4 d* (Pfennigzins) Adelh. Urb. 330; 1616 *Sigristen eid. Ein jeder sigerist soll einen leiblichen eid zue gott und allen hailigen schweren* Neuenb. Stadtr. 130; *da kann seinetwegen der Siegrist sich das Gelenk aus der Achsel und die Läutbuben sich die Seel aus dem Leibe zerren* Burte Wiltf. 22f.; Rätsel unter → *Schuh* 1. – **2)** FN Freib./Bad. Flurn. I, 3, 231; vgl. *Siegrist*. – **3)** in FlN. **a)** *Sigrist(en)acker* (m.), Ackerfeld Freib., Grenzach-Wyhlen; 1344 *an des sigeristen acker* Roos 272; 1491 *an des sigerist acker* Richter 247; 1806 *neben dem Sigrist acker* eb.; 1809 *am Sigristenacker* Bad. Flurn. I, 3, 231; 1859 *Acker in dem Siegristenaker* Richter 247. – **b)** *Sigristenbrünnlein* (n.) Grenzach-Wyhlen; 1509 *an Sigristen brünlin* Richter 247; 1519 *an dem sigristen brünlin* eb. – **c)** *Sigrist(en)garten* (m.) Buchhm (Freib.), Wolfenwlr; 1344 *dem sigeristen garten* Roos 288; 1448 *des sigerist garten* eb. – **d)** *Sigrist(en)gut* (n.) Hausen a. d. M., Grenzach-Wyhlen; 1324 *des sigristen guot* Richter 247; 1423 *1 ½ J. acker lit zer helbarten nebent des Sigeristen gůt von Husen* Adelh. Urb. 255; 1603 *vf Sygristen guet* Richter 247; 1726 *das Sügersten Guth* eb.; 1811 *Sigrist Guth* eb. – **e)** *Sigristkirchhof* (m.) Hochd.; 1329 *ze des Sigristen kilchove* Roos 365. – **f)** *Sigristenland* (n.) St. Georgen (Freib.); 1344 *des sigeristen lant* Roos 276. – **g)** *Sigrist(en)matte(n)* (f., Pl.), Wiesengelände Herdern, St. Georgen (Freib.), Haslach (Freib.); *Sigristenmättle* (n./Dim.) Lehen; 1412 *uf des Sigeresten matten* Bad. Flurn. I, 3, 231; 1423 *die sigerist matt* Roos 297; 1561 *am Zähringer Pfad neben der Sigerstmatte* Bad. Flurn. I, 3, 231; 1576 *matten, uff den bach u. sigeristen matten* eb. – **h)** *Sigristenrain* (m.) Buchhm (Freib.); 1344 *an des sigeristen rein* Roos 92. – **i)** *Sigristenstaude(n)* (f.) Denzlgn, Wyhlen; 1350 *der sigeristen stude* Roos 225; 1572 *nebent der Sigristen Studen* Richter 157. – **j)** *Sigristenstock* (m.) Schallst.; 1497 *dem sigristen stock* Roos 325. – Ahd. *sig(i)risto*, mhd. *sigrist(e)* ‚Küster', aus mlat. *sacrista*. – Vgl. *Sakristan*. – DWb. 10/1, 966; Els. 2, 338; Fischer 5, 1402; Schweiz. 7, 508; SDS V, 42; Südhess. 5, 1029.

Sigrist- in FlN s. → *Sigrist* 3.

Sig-stein m.: **1)** FN Freib., K. Schmidt Hausn. 125f.; 1345 *Johans Sigestein* Bad. Flurn. I, 3, 231; 1349 *Joh. Geben, dem man sprichet der Sigstein, Bürger zu Frbg.* eb. – **2)** Hausn. Freib., Bertoldstraße 3/5 (ehemals Sattelgasse)

BAD. FLURN. I, 3, 231; 1555 *hus genant zum Sigstein (zuem Sygstein)* K. SCHMIDT HAUSN. 126. – **3)** im FlN *Sigsteinsacker* (heute *Sigsteinstraße*) FREIB./BETZENHSN, nach dem Besitzer benannt; 1327 *(vor dem Rotlaube) 10 j. ackers, ziehent uf den Rútibach, heißent des sigsteines aker* BAD. FLURN. I, 3, 231. – Mhd. *sigestein* ‚Stein von wunderbarer Wirkung, der Sieg, Schönheit, Jugend etc. verleiht.' Laut K. SCHMIDT HAUSN. 125f. ist der Hausn. auf den FN zurückzuführen (1344 *von des Sigsteins hus* eb. 126), der ursprünglich ein Berufsname war. – DWb. 10/1, 949 (*Siegstein*); Fischer 5, 1402; Schweiz. 11, 883.

Sigsterne *sίgsdệrnə* mancherorts Markgräflerland. – f.: ‚unterirdischer Hohlraum zum Auffangen von Regenwasser, Zisterne' WITZ 61, TRAUTWEIN 3, WYHLEN. – Wohl eine Art Kontamination aus *sίgərə* ‚sickern' und *Zisterne* (vgl. WITZ 61). – Vgl. *II Pfütze 2*. – Els 2, 347 (*Siksterne*); Schweiz. 5, 200 (im Komp. *Sigsternblatte*).

Sigwarth FN: **1)** bes. aus LENZK. und Umg. belegt KLAUSMANN FN 85. Kt. 32; *Di Mæschte hät dr Hoch überku, am Schtàtsberig, oder dr Rusemaier, elimol ou dr Sigwárt im Schœwald* O. FWGLR 33; aus dem gleichlautenden Rufnamen entstanden. – **2)** im FlN *Sigwarts Wiese* (f.), nach dem Inhaber oder Nutzungsberechtigten benannte Wiese ETTLGN; 1515 *Acker, einsyt an der Straßen, andersyt Jacob Sigwardts Wis* E. SCHNEIDER ETTL. 2, 183; 1516 *wis vff der Búwerbach genant die Sigwarts wies* eb; ab dem 17. Jh.: *Sieberts W., Sieverts W., Seiferts W.* (u. ä.) eb.

Silage *siláše* WIESLET. – f.: ‚Lagerung des Futters im → *Silo* und das durch die dort stattfindende Gärung konservierte Futter' 1971 WIESLET. – Aus franz. *ensilage* ‚Einlagerung in Silos'. – Vgl. *Silofutter*.

Silbe *silb* HANDSCH., MÖRSCH; *silwə* O.SCHEFFL., RAPP.; *sịlbə* OFTERSHM; *silbv* REUTE (EMM.); Pl.: *silwə* O.SCHEFFL.; *silwę* MÖRSCH; *sịlwə* SCHUTTERWALD. – f.: ‚abgegrenzte Lauteinheit der gesprochenen Sprache, die aus einem oder mehreren Lauten besteht und entweder Teil eines Wortes ist oder selbst ein Wort bildet' LIÉBRAY 275, MEIS. WB. 153b; *des wǫrt hot fīr silwə ghat* ROEDDER VSPR. 527b; über den Ortsdialekt: *d ledśdə sịlwə węrəd jmv fvślųgd bį ųns* ‚die letzten Silben werden bei uns immer verschluckt, d. h. nicht ausgesprochen' 1972 SCHUTTERWALD; Ra.: *ka silb šwędsə* ‚kein Wort sagen' LENZ WB. 65b; *v hot mv khv silb dvfū̃ gsāt* ‚er hat es mir völlig verschwiegen' LENZ 3, 12. – Ahd. *sillaba*, mhd. *sillabe, silbe*, entl. aus lat. *syllaba* (dies aus dem Griechischen). – DWb. 10/1, 968; Fischer 5, 1402; Pfälz. 6, 112; Schweiz. 7, 837; Südhess. 5, 1029.

Silber *silwər* WERTHM, HETTGN, O.SCHEFFL.; *silwv* HANDSCH., OFTERSHM, RAPP., MÖRSCH; *sịlbv* OFTERSHM; *sịlwr* KAPPELWI., LEGELSH.; *selwr* mancherorts Hanauerland, KIPPENHEIMWLR, JECHTGN; *silwr* REUTE (EMM.); *silbr* REUTE (EMM.), STOCKACH; *selbr* GRISSHM, ISTEIN; *silbr* MÖHRGN. – n.: **1)** ‚hell glänzendes Edelmetall, argentum' PLATZ 297, ROEDDER VSPR. 527b, LENZ WB. 65b, LIÉBRAY 275, MEIS. WB. 153b, BURKART 188, HARTMANN 57. 116, MENG 40. 83. 112. 168, WILLINGER 66. 128, SCHWEICKART 41, SCHECHER 83, METRICH 64. 115. 142, BRUNNER 61. 178, CLAUDIN 63. 195, GESSER 21, KIRNER 489; 1331 *zweinzig tusent marg silbers costentzer gewichtes* NEUEN. STADTR. 21; 1344 *fumfzich march silbers umb ain ros* eb.; 1371 *Wir haben gesetzet, das nieman me kain silber brennen sol* VILL. STADTR. 51; 1414 *wand silber werder sie zu disen ziten denn das gold* NEUEN. STADTR. 162; 1520 *welcher solichs verbricht der sol vns so offt es beschicht zǔ*

pene zwey marckh silbers verfallen sin FREIB. STADTR. 92b; *fu Silbr* ‚aus Silber' FUCHS 30; *bim Goldschmidt in Silver fasse* GANTHER STECHP. 59; *ich chönnt der jo Silber un Gold gee* HEBEL 39, 81; *'s glitzeret zendum wie Gold un Silber un Demant* eb. 62/II 90; *Alli beidi sin sie vum beschde Silwer un üwwer zweihundert Johr alt* GANTHER STECHP. 30; *daß m'r d'r Diab gli packe möchte, wenn 'r ebbe 's Silver v'rfuggere wott* eb. 35; Sprichw.: *Reden isch Silwa, schweige isch Gold* FORCHHM (KARLSR.); Parodie hierauf: *schweig, Silwa isch Gold* ‚sei still, du bringst mit deiner Rede alles durcheinander' FREI SCHBR. 149. – **2)** FlN WYHLEN; um 1790 *im Silber beym ruespach Bach* RICHTER 158. – **3)** f.: Kuhname, für Kühe mit glänzendem Fell; *Silwe* ST. GEORGEN i. SCHW./ZFDW. 11, 304; *sịlwi* ST. MÄRGEN, WAGENSTEIG; *Silber* N.HOF/UMFR., Bernau; *Di ältischt Kuah heißt Goldili / De Jüngschte rüeft er Silbi* WEISSER KU. 7; vgl. *Silberi*. – Ahd. *silabar*, mhd. *silber*. – Weiteres → *brennen 2γ*, *Eckebrot*, *gebühren 1*, *Gold 1*, *lötig*, *III Mark 2*, *I Roß 1*, *Schirr*, *sechzehn*, *sechzig*; vgl. *Bruch-, Eß-, Quecksilber, Gelbsilbermütterlein*. – DWb. 10/1, 974; Els. 2, 354; Fischer 5, 1402; Pfälz. 6, 113; Schweiz. 7, 838; Südhess. 5, 1030.

Silber-bach m.: FlN GÜNTERST., Name eines Baches und Wiesengeländes; 1344 *vor silberbach* BAD. FLURN. I, 3, 231; 1491 *Matten im Silberbach* eb. 232; 1858 *Matten im Silberbach, neben der Herrschaftsmatte* eb. – DWb. 10/1, 985; Fischer 5, 1403 (unter *Silber*); Pfälz. 6, 113.

Silber-berg m.: † **1)** ‚Bergwerk, in dem → *Silber 1* abgebaut wird'; 1272 *silberberge* FREIB.; 1284 *ze den silberbergen ze Sukendal* ZGO 19, 78, SUGGENT./ROOS 373; 1295 *das ich mit den silberbergen, die ich han ze brisgowe* ZGO 19, 80; 1297 *die silberberge vñ die núzze von den silberbergen* FREIB./FR. WILHELM URK. Nr. 2600. – **2)** FlN, Ackerfeld bei einem ehemaligen Bergwerk STEINACH, Reben, Weinbaugebiet GRENZACH-WYHLEN; 1436 *ze silberberg* BAHLGN/ROOS 151; 1509 *neben dem Silberberg* GRENZACH-WYHLEN/RICHTER 247; 1592 *Reben im Silberberg* eb. – **3)** Hausname FREIB.; 1344 *das hus zem silberberge* K. SCHMIDT HAUSN. 126; 1664 *zum Silberberg* eb. – Mhd. *silberbërc* ‚Silberbergwerk'. Laut RICHTER 247 bezieht sich *Silber* in FlN nicht notwendigerweise auf Bodenschätze, sondern kann allgemein eine Bezeichnung für wertvolle Grundstücke sein oder auch auf einem Personennamen beruhen. – Zum Grundwort s. → *Berg 2b*. – DWb. 10/1, 987; Fischer 5, 1403 (unter *Silber*); Pfälz. 6, 113; Schweiz. 7, 839 (unter *Silber*); Südhess. 5, 1030.

Silber-blatt, -blättle n./Dim.: PflN; ‚Garten-Mondviole, Lunaria biennis' GERNSB., OFFENB., BÖTZGN/MITTEIL. 1915, 377, WOLLB./eb.; *Silberblättle* ACHERN/eb. 1933, 302. – Der Name beruht auf den silberartig glänzenden Fruchtscheidewänden. – Vgl. *Papstmünze(n), Dotzed, Judaspfennig, Silbermünze, -pfennig, -tasche*. – DWb. 10/1, 988; Fischer 5, 1403; H. Marzell Wb. 2, 1417; Pfälz. 6, 113; Schweiz. 5, 186; Südhess. 5, 1030.

Silber-blümle n. (Dim.): PflN; ‚nickendes Leimkraut, Silene nutans'; *Silberblümli* ACHKARREN/MITTEIL. 1915, 374. – DWb. 10/1, 991; H. Marzell Wb. 4, 314.

† **Silber-bote** m.: ‚Kurier, der Wertsachen befördert'; 1579 *die reitenden und gehenden silberbotten* BAD. WEIST. 4, 264. – DWb. 10/1, 992; Fischer 5, 1403.

Silber-brunnen *silwərbrunə* BAHLGN. – m.: FlN, Name von Brunnen in GENGENB., BAHLGN (oberhalb des Ortes in Richtung Schelingen) und FREIB. (auf dem Schlossberg); 1341 *bi dem silberbrunne* BAHLGN/ROOS 151; 1751 *über Silberbrünnele* FREIB./BAD. FLURN. I, 3, 232; Volksglaube: *die Kinder kommen aus dem Silberbrünnele* 1900 FREIB.; Sagen: ein Zwerg taucht in der Silvesternacht aus dem

Silberbrünnili auf und kündigt an, wie das kommende Jahr geraten wird A. MÜLLER 1, 106; in GENGENB. fand eine arm gewordene, wohltätige Frau blanke Kronentaler im *S.* KÜNZIG SCHW. 342. – Fischer 5, 1403 (*Silberbrünnele* unter *Silber*); Pfälz. 6, 113.

Silber-distel *silbərdištl* MÖHRGN, ENGEN. – f.: **1)** PflN; ‚große Eberwurz, Carlina acaulis', wegen des silberartigen Glanzes der inneren Hüllblätter so gen. KIRNER 245, „allg."/MITTEIL. 1913, 299. – **2)** *Silwerdischtle us em Schwarzwald* lautet der Titel eines Gedichtbandes von August Ganther. Eine Sammlung von Gedichtbänden, Erzählungen von Mundartautoren heißt *Silberdistelreihe*.– Vgl. *Eberswurzel*. – DWb. 10/1, 994; Fischer 5, 1403; H. Marzell Wb. 1, 840; Schweiz. 13, 2003; Südhess. 5, 1030.

Silber-dobel m.: FlN FREIB./BAD. FLURN. I, 3, 232. – Zum Grundwort s. → *Dobel*.

Silberer-wäldchen n.: FlN ZÄHRGN, auch → *Kirchenhölzlein* gen. BAD. FLURN. I, 3, 232. – Nach dem Namen des Besitzers.

Silber-erz n.: ‚silberhaltiges → *Erz*', besonders im Badnerlied: *Zu Haslach gräbt man Silbererz, / Zu Freiburg wächst der Wein* MEIS. VK. 18. – Mhd. *silbererze*. – DWb. 10/1, 995.

Silber-flor m.: ‚dünnes, silbriges Gewebe'; *leg's Halstuech a us Silberflor* HEBEL 47, 4. – Zum Grundwort s. → *II Flor 1*. – DWb. 10/1, 999.

Silber-forelle *silbərforelə* MOOS (KONST.), HEMMENHOFEN, REICHENAU; *silbərforęl* HAGNAU. – f.: ‚die sterile → *Seeforelle*, Salmo lacustris' RIBI 47; ÜBERLGN A. B./MITTEIL. 1919, 86. – Vgl. *Forelle 2*. – DWb. 10/1, 1000; Fischer 5, 1404.

Silber-geld n.: ‚Münze aus → *Silber 1*'; Sprichw. unter → *Nickel 4*. – Mhd. *silbergelt*. – DWb. 10/1, 1002; Fischer 5, 1404.

Silber-geschirr n.: ‚aus → *Silber 1* hergestellte Ess-, Kochgerätschaften, -gefäße', als Wertgegenstand; 1520 *so mag der kouffer / wyn / korn / silbergeschir / acker / matten / oder anders / an der kouff sum(m) bezalen* FREIB. STADTR. 35b; *silbergeschirr / bettgwand / hußrat / vnd anders derglichen* eb. 51b. – Mhd. *silbergeschirre*. – DRechtswb. 13, 575; DWb. 10/1, 1003; Fischer 5, 1404; Pfälz. 6, 114; Schweiz. 8, 1172; Südhess. 5, 1031.

Silber-glätte f.: ‚Bleioxid, Lithargyrum', erinnert an Quecksilber; 1566 *Silberglett* PICT. LEIBS ARTZ. 80a; *silberglettin* eb. 97a; 1819 *Nimm Silberglätte, Bleyweiß, jedes 10 Loth* ARZNEYBUCH BIERBR. 17; *Nimm Leinöhl, Terpentin, Honig, Vitriol, Silbergletti, Weinessig* eb. 5. – Mhd. *silberglit*. – Weiteres → *sieden 2b*. – DWb. 10/1, 1007; Fischer 5, 1404; Schweiz. 2, 654 (*Silberglätt*).

Silber-glöckle n. (Dim.): **1)** ‚hoch, wohltönend klingende Glocke'; *As sienge d' Engel, seligi Geister, / Wie Silberglöckli isch's e G'sang* A. HERMANN 34. – **2)** ‚die kleinste Münsterglocke' 1920 FREIB.

Silber-grube f.: öfter vorkommender FlN GRÖTZGN/TURMBERG 1955, 39, DURLACH/eb.; 14 Jh. *ze Blibach ob den silbergruben* N.WINDEN/KRIEGER 1, 437; 1689 *zur Silbergruob hinauf* FREIB./BAD. FLURN. I, 3, 232; 1709 *Waldstück Silbergruben* eb. – Mhd. *silbergruobe*; der FlN bezieht sich auf den Silberbergbau. – DWb. 10/1, 1009; Fischer 5, 1403 (unter *Silber*). 6/2, 3117; Pfälz. 6, 114; Südhess. 5, 1031.

Silber-halde f.: FlN STEINACH, Ackerfeld mit sandigem, silbrig schimmerndem Boden; *in de undere silwerhald, silberhald* BAD. FLURN. III, 3, 95. – Fischer 5, 1403 (unter *Silber*).

Silber-hart *silbərhárt* ÖHNGN. – m.: FlN, nach dem Besitzer benanntes Rebland; 1417 *vff Silberhardt* HEGAU-FLURN. 5, 68; 1652 *Reben im Schalckli oder Silberhardt* eb.

silber-hell Adj.: ‚von heller, glänzender Farbe'; Sage: ein krankes Mädchen trinkt *funn däm silwrhällä Wassr* des Silberbrunnens, daraufhin geht es ihr besser BAHLGN/ZF HDMU. 1, 97. – DWb. 10/1, 1012; Südhess. 5, 1031.

Silber-hof m.: FlN; 1327 *heisset der Silberhof* ADELHSN/BAD. FLURN. I, 3, 232; 1502 *matten, gen. der silberhoff* LEHEN/eb.; 1632 *auf dem Silberhof* STEINACH/eb. III, 3, 95. – FlN bei FREIB. geht wohl auf FN zurück, in STEINACH war ein vor 1632 eingegangener Hof bei einem Erzbergwerk namengebend.

Silber-hoffnung f.: Name einer um 1850 angelegten Grube (Bergbau) in Kaltbrunn HANSJAK.-JB. 2, 180.

Silberi f.?/m.?: ‚Kuhname' 1921 O.MÜNSTERT. – Vgl. *Goldi 1, Silber 3*. – Schweiz. 7, 839 (unter *Silber*).

silb(e)rig *silwəri* HETTGN, O.SCHEFFL.; *sįlwəriš* EBERB.; *sįlbəriš* OFTERSHM; *silwęriχ* ÖSTRGN; *silwərig* GENGENB.; *silwęrig* LAHR; *silwrig* MÜNCHW.; *silbərig* REUTE (EMM.); *sįlb(ə)rig* mancherorts ob. Markgräflerland; *silberi* LIGGERSD.; *silˉbrig* SINGEN A. H. – Adj.: ‚aus → *Silber 1* bzw. wie dieses glänzend, schimmernd' ROEDDER VSPR. 527b, EBERB. GESCHICHTSBL. 20, LIÉBRAY 275, SCHWENDEMANN ORT. 3, 102, GLATTES 25, E. DREHER 83, W. SCHREIBER 45; *silwärichä Hǎǎ* ‚silbrige Haare' DISCHINGER 176; *D'r silwerig Cyriakes* heißt eine Geschichte in GANTHER STECHP. 29f.; *e silwerigi Uhrkett* eb. 56; *e nowle Stock mit eme silwerige Knopf* eb. 118; *Sie hen 's sölli g'spürt, des G'wicht vun denne schwere silwerige Figure* eb. 31; *d'r Präsident het düchdig g'lidde mit d'r silwerige Schell* eb. 25. – Weiteres → *Glückshämpfele, goldig 1a, Löffel 1, Medaillon, Schlucker, sitzen B3a*; vgl. *quecksilberig*; vgl. *silbern*. – DWb. 10/1, 1014; Els. 2, 354; Fischer 5, 1404; Pfälz. 6, 114; Schweiz. 7, 842; Südhess. 5, 1031.

Silber-krämer m.: FlN HANDSCH.; 1608 *im Silber kremer* BAD. FLURN. III, 4, 65; 1755 *der Silber Crähmer genannt* eb.; 1814 *im Rot oder Silberkrämer* eb. – Zum Grundwort s. → *Kramer 3*. – Laut BAD. FLURN. III, 4, 65 weist *Silber* hier auf eine Schatzsage hin. – Fischer 5, 1405. 6/2, 3117.

Silberling *sįlwerlįŋ* RINGSHM; *sįlwərlįŋ* BROGGINGEN; *sįlbərlįŋ* ILLMENSEE. – m.: **1)** ‚silberne Münze'; *tswölf sįlbərlįŋ* 1955 ILLMENSEE. – **2)** ‚Traubensorte'. **a)** ‚weißer oder grüner → *Gutedel 1*', im Breisgau PRITZEL-JESSEN 445, K. MÜLLER WEINB. 777, MITTEIL. 1915, 383; *weißer Silberling* J. METZGER WEINB. 22. – **b)** ‚roter Gutedel' BROGGINGEN, Breisgau/MITTEIL. 1915, 383; *rother Silberling* PRITZEL-JESSEN 445; J. METZGER WEINB. 31; ‚Rotelbling' eb. 45. – **3)** Übername eines nationalsozialistischen Führers mit silbernen Tressen 1933 FREIB. – Ahd. *silbarling*, mhd. *silberlinc*. – Weiteres → *gankelen*; zu Bed. 2 vgl. *Frauenträubel, Grauedel, Junker 2b, Moster 1, Rotedel, Silberweißling*. – DWb. 10/1, 1022; Fischer 5, 1405; Schweiz. 7, 844.

Silber-loch n.: **1)** Name einer Mineraliengrube in Freiamt-Niedertal, im 19. Jh. stillgelegt; Sage hierzu in BERNHARD BAADER VS. 56. – **2)** FlN GERSB., BRETTENT. – DWb. 10/1, 1024.

Silber-matten Pl.: FlN GÜNTERST., LEHEN; 1772 *Silber- oder Kohlmatte* BAD. FLURN. I, 3, 233.

Silber-münze f.: PflN; ‚Garten-Mondviole, Lunaria biennis' BÖTZGN/MITTEIL. 1915, 377. – Vgl. *Silberblatt*. – DWb. 10/1, 1025 (andere Bed.); H. Marzell Wb. 2, 1416.

silbern *silwər* WEINHM, O.SCHEFFL., BRUCHSAL; *silwv* RAPP.; *sįlbər* LÖRRACH. – Adj.: **1)** ‚aus Silber, wie Silber aussehend' H. SCHMITT[2] 84, MEIS. WB. 153; 1414 *söltent si ander silber gelt siner pfründen kouft han; daz haben si nit getan, denn güldin gelt, damitte sind pfründe gswecheret sie worden*

Neuenb. Stadtr. 162; *ə silwərnər nāɪl* (Nagel) Roedder Vspr. 527; *ə silbəri ūr* Beck 125; *ə silbər māsər* eb.; *E silwerni Dus* (Dose) Nadler 87; *d Duwakbis* (Tabakbüchse) *mit silwerne Reifli* (→ *I Reif*) O. Fwglr 18; *Jetz goht e silberni Tür uf* Hebel 39, 54; *Un do di silberne Platten, un do die goldene Teller!* eb. 39, 60; *'s tönt ... wie Klavier- un Harfeton un silberni Glöckli* eb. 62/II, 92; Volksreim: *Mein Schatz is aus Bade / heeßt Annemarie / hot goldische Wade / un silwerne Knie* Schick 47. – 2) *silberne Hochzeit* ‚Feier des 25-jährigen Bestehens einer Ehe'; *jets įm mei hen si dį silbərni hoxdsid* 1976 Welmlgn; auch elliptisch bzw. substantiviert: *dįə silbərni* eb. – Mhd. *silberīn*. – Weiteres → *Büchse 1a, dito, golden 1a.b, Nichtsle 1, Revers, rostig 2c, II Schale, Segense 1*; vgl. *versilbern*; vgl. *silberig*. – DWb. 10/1, 1026; Els. 2, 354; Fischer 5, 1403 (*silberen*); Pfälz. 6, 114; Südhess. 5, 1032.

Silber-nichtsle n.: fiktiver Gegenstand, leeres Versprechen an ungeduldige Kinder, die um ein Mitbringsel o.ä. betteln; „*Was grigschn vun der?*" - „*E Silwerniggsl un e goldisch Wååd eweilche*" Herwig-Schuhmann 114; *E goldes Wååd eweilche un e Silwernixl* Lehr Kurpf.² 136, ähnlich H. Schmitt² 118. – Vgl. *Nichtsle 1, Wart-ein-weilchen*. – Pfälz. 6, 115 (*Silbernichtsel*).

Silber-papier *silwərbabīr* O.scheffl.; *silbərbabīr* Freib., Schopfhm. – n.: ‚Stanniol, ausgewalztes Aluminium', in Verpackungen für Zigaretten oder Schokolade Roedder 527, 1931 Freib., Schopfhm; *glitzrigs Silwrbabier* Brucker Da. 24; *im Schtaniol hämer als Kinder Silbrbabür gsait* Reute (Emm.). – Vgl. *Glitz 1*. – DWb. 10/1, 1034; Fischer 5, 1405; Pfälz. 6, 115; Schweiz. 4, 1417 (*Silberbapir*).

Silber-pappel *silwrbabl* Ottersd. – f.: ‚Weißpappel, Populus alba' Ottersd./ZfdMu. 1914, 335; *Silwerbabbl* Bräutigam So 122; N.hausen/ Die Pforte 1985, S. 66; Kenzgn/eb. – Vgl. *Belle, Espe, Weißpappel*. – DWb. 10/1, 1034; Fischer 5, 1405; Südhess. 5, 1032.

Silber-pfennig m.: PflN; ‚Garten-Mondviole, Lunaria biennis' Fahrnau/Mitteil. 1913, 293; Alem. 43, 148. Nach hs. Vermerk im Archiv des Bad. Wb.s handelt es sich bei der Ortsangabe in der Alem. (Falkau) um einen Irrtum. – Vgl. *Silberblatt*. – DWb. 10/1, 1034 (andere Bedeutung); H. Marzell Wb. 2, 1415; Südhess. 5, 1032.

Silber-plotzer m., Pl.: ‚schwere Silberstücke (Kronentaler)'; *do ha i ... dia zwi Säck voll Krunedhaler in große Brunnedrog g'schütt ... un ha sie g'fegt, dia Silwerplotzer, ... bis sie glänzt un glitzert hen as wia* Ganther Stechp. 115.

Silber-ranikum *silbaronikum* Mückenloch. – m.?: PflN; eine Geranienart, unterschieden von → *Roseranikum* Alem. 27, 196. – Zum Grundwort s. → *Geranium*.

Silber-sand „*Silwasand*" Schwetzgn. – m.: 1) ‚feiner Rheinsand', früher zum Scheuern von Holzböden benutzt Frei Schbr. 149; von Straßenhändlern mit folgendem Ausruf angepriesen: *Silwersand, kaafd Silwersand* Bräutigam So 122; Kinderlied (Melodie der „Vogelhochzeit"): *Der Elefant der Elefant / der butzt sei Nas mit Silwersand* Schick 71, ähnlich Mannhm/Ochs-Festschr. 282. – 2) ‚weißer Glimmersand, der als Streusand beim Schreiben gebraucht wurde' 1760 E. Schneider Durl. 223. – Vgl. *Pfo-, Feg-, Reib-, Streusand*. – DWb. 10/1, 1038; Fischer 5, 1405; Pfälz. 6, 115; Südhess. 5, 1032.

Silber-schabe f.: ‚Silberfischchen, Zuckergast, Lepisma saccharina'; *Silwerschoowe* Eichstett./ZfdMu. 1913, 328. – Vgl. Syn. unter *Schleicherle*, dazu *I Schleiße 2*.

Silber-schnalle *silwršnal* Gengenb., Reichenb. (Gengb.). – f.: 1) ‚Schließe (an Schuhen, Kleidern, Gürteln) aus → *Silber 1* oder silbern scheinend'. – 2) Überna me einer Bauersfrau, die nur silberne Schuhspangen trug 1932 Gengenb. Auf → *Schnalle 6* anspielend.

Silbers-dritscher → *Elbentrütsch 1c*.

Silber-streif m.: Tiern. ‚der Schmetterling Kaisermantel, Argynnis paphia' Karlsr. – DWb. 10/1, 1047 (*Silberstrich*).

Silber-stück *silbərśdük* Wyhlen. – n.: FlN; mit Reben bepflanzte Halde; 1478 *neben dem silberen stuock* Richter 158; 1560 *Reben das Silberstuckh genannt* eb. – Laut Richter 158 nach der wertvollen Lage für den Weinbau benannt.

Silber-tasche f.: PflN; ‚Garten-Mondviole, Lunaria biennis' Bötzgn/Mitteil. 1915, 377. – Vgl. *Silberblatt*. – H. Marzell Wb. 2, 1418.

Silber-teich m.: FlN Wiehre, Vertiefung, Abzugsgraben beim → *Silberhof* K. Schmidt Hausn. 126; 1422 *nebent dem silbertich* Bad. Flurn. I, 3, 233; 1598 *Silberdeuch* eb.

Silber-wäldle n. (Dim.): FlN Steinach, Wäldchen westl. vom → *Silberhof*; *silberwäldili* Bad. Flurn. III, 3, 95.

Silber-weide f.: PflN; ‚Weiße Weide, Salix alba'; *Silberwüde* N.hausen/Die Pforte 1985, S. 67; *Silwerwüd*, hieß früher → *Felbe* Reute (Emm.). – DWb. 10/1, 1052; Fischer 5, 1406; Schweiz. 15, 557.

Silber-weißling m.: ‚eine Traubensorte'; *rote u. wiße silberwißling* 1922 Hugsw.; *Silberwißling* ‚grüner Gutedel' Breisgau/J. Metzger Weinb. 22; *Silberweissling, -wissli* ‚weißer Gutedel' eb./Pritzel-Jessen 445. – Vgl. *Silberling 2*. – DWb. 10/1, 1054.

Silber-wiese *silberwīs* Wutöschgn. – f.: FlN, Gewannname.

silbig nur in Zusammens. wie → *vier-, zweisilbig*.

silbrig → *silberig*.

Sile *sīlə* Pülfrgn. – n.?: ‚weibliches Lämmchen'. – Wortbildung vielleicht beeinflusst vom Lockruf → *I si*. – Vgl. *Hattel 1*.

Silentium n.: ‚Stille, Schweigen', bes. als Ausruf: *Silentium!* ‚Ruhe!'; wortspielerisch an *still* angelehnt: *štilentsium* Heidelbg. – Lat. *silentium* ‚Schweigen'. – Fischer 5, 1406 (*silenzium*).

Silierung *silīruŋ* Wieslet. – f.: ‚das Einbringen von Mais u. ä. in Futterspeicher (→ *Silo*)'. – Vgl. *Maissilierung*.

I **Sille** *silə* Karlsr. – m.: ein (nicht näher bezeichnetes) Schimpfwort. – Fischer 5, 1406.

II **Sill(e)** ‚Riemen' → *Sielen*.

Sill-scheit ‚Ortscheit' → *Sielscheit*.

Silo *sīlō* Reute (Emm.), Breitnau; *silō* Wieslet; *sīlō* Grisshm, Remetschwiel, Engen. – n.: ‚(Gär-)Futterspeicher', zur Einlagerung von Gras, Mais u. ä., setzte sich ab den 30er-Jahren des 20. Jh. in der Landwirtschaft durch, anfänglich als Hochbehälter, ab den 80er-Jahren als Fahrsilo Grafenhsn (Lahr), Ringshm; *s kumt ins sīlō* 1973 Engen; *Silo sollte man bauen!* E. Strauss Le. 323; *s sīlō sot nįt grād fər m kųədəl sī* 1981 Breitnau; *fųədərmais wō si įhekslə für ins sīlō* 1978 Grisshm; scherzh. übertr.: *ich arbeite im Beamtensilo* ‚im Hochhaus für Behörden an der Bertoldstraße' 1958 Freib. – Entl. aus spanisch *silo* (m.) ‚Getreidebehältnis', dieses aus lat. *sīnus* (m.)/*sīnum* (n.), vgl. Kluge 672.– Südhess. 5, 1033.

Si-loch → *Sieloch*.

Silo-futter *silōfųədər* 1948 Königschaffhsn; *sīlōfųədr* 1971 Wieslet. – n.: ‚im → *Silo* eingelagertes Viehfutter'. – Vgl. *Silage*.

Silvaner *silwānr* Rauenbg (Wiesl.); *silwānər* so u. ä.

BECKSTEIN, verbr. Kaiserstuhl, Tuniberg, Markgräflerland; *silfānər* ZUNZGN, NEUENBURG A. RH., ISTEIN, EGRGN. – m.: **1)** ‚helle Traubensorte und der daraus bereitete Wein', in fast allen Weinbaugebieten Badens angebaut HÖFFLIN 227, KRÜCKELS 72, TURMBERG 1964, 132f., K. MÜLLER WEINB. 777; *grüner, weißer Sylvaner* Kraichgau, Breisgau/PRITZEL-JESSEN 448; eb./MITTEIL. 1915, 38; *weißer Sylvaner* ‚weißer → *Elbling*' am Bodensee/J. METZGER WEINB. 39; *grüner Sylvaner* im Breisgau/eb. 65; *gelber Sylvaner* PRITZEL-JESSEN 448; *Salvaner, Salviner* Kraichgau, Gegend von PFORZHM/J. METZGER WEINB. 39, PRITZEL-JESSEN 448, MITTEIL. 1915, 384, BADENER LAND 1922, 192. – **2)** ‚Rotweintraube', v. a. am Bodensee angebaut K. MÜLLER WEINB. 777; *blauer, rother Silvaner* PRITZEL-JESSEN 448, MITTEIL. 1915, 384; *blauer Sylvaner* J. METZGER WEINB. 69; „bessere Rotweintraube" HAGNAU/MEICHLE 22. – Ursprung der Benennung unklar, die Traube wurde im 17. Jh. aus Österreich eingeführt. – Weiteres → *blau 1*, *Rotelben*; zu Bed. 1 vgl. *Bötzinger (unter Bötzingen), Kläbinger, Müller 2c, Riesling 1b, 2c*; zu Bed. 2 vgl. *Burgunder, Malterdinger 3*. – DWb. 8, 1704 (*Salvaner*); 10/1, 1058; Els. 2, 354 (*Salfener*); Fischer 5, 550 (*Salvener*); Pfälz. 6, 116; Schweiz. 7, 863; Südhess. 5, 1034.

Silvester *silfešdər* ÖTIGHM, GRISSHM, OWGN; *sebfašdr* ALTENHM; *silwešdər* VILLGN; *silwqšdr* REUTE (EMM.); *silfqšdr* BELLGN; *silfqštər* WEHR; *tsilfešdər* SUNTHSN; *silfēšdr* STOCKACH. – m., n. (in jüngerer Mu.): **1)** ‚der letzte Tag im Jahr, 31. Dezember, Tag des hl. *S.*' G. MÜLLER 36, FOHRER 118, SCHWENDEMANN ORT. 1, 44, FLEIG 134, FUCHS 17; ELLENBAST 70; *djə hət des blei dan am silwešdər fašmoldsə* VILLGN; *all Joor an Silfäschder, wemmer bi Bürewegge (→ Birnenwecken 1) n-un Gläwii eweng iwers Läwe gsinniärd hen* GÜTENB.; Heischevers: *Hütt isch Silväschter ùnn moorn isch Neujòor / ùnn wènn mer nütt gisch, nò nimm di am Hòòr* SCHÄUBLE WEHR 13, ähnlich *Hüt isch Silveschter ... und wenn'd m'r kchain Brännts gisch, / se nümm di am Hoor!* RÜSSWIHL/MEIN HEIMATL. 1937, 206. – **2) a)** ‚derjenige, der am 31. Dezember als Letzter aufsteht' 1895 SÄCKGN, DEGERNAU/UMFR., ELLENBAST 70, E. H. MEYER 72; vgl. *Falle(n)lüpfer*. – **b)** ‚dummer, spaßiger Kerl', scherzh. SUNTHSN. – Vgl. *Fester*. – Els. 2, 355 (*Silfester*); Fischer 5, 1406. 6/2, 3118; Pfälz. 6, 116; Schweiz. 7, 863; Südhess. 5, 1034.

Silvester-bantle m.: ‚wer am Silvestermorgen zuletzt aufsteht bzw. zuletzt zur Arbeit oder zur Schule kommt' E. H. MEYER 72; *Sylvestabantle* 1895 N.HOF/UMFR. – Zum Grundwort s. → *Bantle 2*. – Vgl. *Silvester 2a*.

silvestern *silfešdərə* TRIBG; *silfqštərə* WEHR; Part.: *gsilfqštərət* WEHR. – schw.: ‚den Übergang vom alten ins neue Jahr feiern' FLEIG 134, SCHÄUBLE WEHR 137; „der Brauch, das alte Jahr am Wirtstisch zu beschließen" 1895 O.GLASHÜTTE. – Vgl. *zerren*. – Els. 2, 355 (*silfesteren*); Fischer 6/2, 3119 (*silvesteren*); Schweiz. 7, 865 (*silvesteren*).

Silvester-nacht *silfešdərnāt* BONND. (ÜBERLGN). – f.: ‚die letzte Nacht des Jahres'; *Wann am Zwölfe 's Neujohr kracht, ... Lebt wohl, ihr Kinner! / 's kümmt aach Eur Sylveschternacht!* NADLER 47. – Vgl. *Durchnacht 2, Schießnacht*. – Pfälz. 6, 117; Südhess. 5, 1035.

Simas *semás* ALTENHM; *símas* UNZH., SCHÖNBÜCH, NEUSATZ, ACHERN, LAUF, SASBACHWA., MÖSB., WALDULM, WOLFHAG, FRIESENHM; *símǭs* LAHR. – m., n.?: **1)** ‚karierter oder gestreifter Schürzenstoff aus Baumwolle' 1870 Achertal, FOHRER 101; 1914 in einer Geschäftsanzeige in der Badischen Presse: *Kinderschürzen aus Siamosen* ZFDMU. 1917, 160. – **2)** ‚eine Gemüsespeise'. **a)** ‚aus gelben und weißen Rüben in Salz', wie Sauerkraut hergestellt ACHERN. – **b)** ‚aus gelben Rüben und Kohlblättern' ACHERN, LAUF, SASBACHWA., SCHÖNBÜCH. – **c)** ‚gemischt aus Weißrüben und Wirsing' OTTENHÖFEN/ZFDMU. 1917, 160. – **3)** Übername eines (auch → *Simsenhopser* genannten) Lehrers FRIESENHM. – Aus franz. *siamois* ‚Stoff aus Siam'. – Els. 2, 413; Pfälz. 5, 865 (jeweils unter *Schamas*).

simasen Adj.: ‚aus → *Simas 1* bestehend/gefertigt'; 1795 *sie trägt einen weiß und blau gestreiften Simoisenen alten Rock* KENZGN; *símasener Schurz* NEUSATZ. – Els. 2, 413; Pfälz. 5, 866 (jeweils unter *schamassen*).

Simberles-beunde FlN → *Zimberlinsbeunde*.

Simche *simχǝ* ETTHM, GAILGN. – f.: ‚Freude'; auch *Simcher* und *Simich* ohne Lokalisierung; *er het e Simχǝ* ‚er hat eine selbstgefällige Freude, einen freudigen Stolz' 1914 ETTHM; *Und dozue hät er si guetmüetig ehrlich Gsicht vozoge, und me hät gsäeh, daß er e Simche hät* SCHNEBLE 48. – Aus hebr. *simcha* ‚Freude'. – Els. 2, 358 (*Simiche*); Pfälz. 6, 117 (*Simmche*).

Sime ‚Stelle am Fischerboot, wo Boden und Seitenwand aneinanderstoßen' → *I Saum 2b*.

Simele-weber *similiwēwr* 1932 GENGENB. – m.: ein bestimmter, kleiner Mann namens Simon, der von Beruf Weber war.

† **Simelse** f.?: Bachname, alter Name der Stockach; 10. Jh. *Simelesaha* ALEM. 35, 148; 1155 *fluvius Simelse* KRIEGER 2, 997. – Nach J. Miedel/ALEM. 35, 148 ‚Bach des Similo (Simo von Sigmar)'.

Simeon → *Simon*.

Simierle *símīərlə* KAPPELWI. – m.: ‚einfältiger Kerl, komischer Kauz' BURKART 131. – Viell. zu → *simulieren 1*.

Simme Kurzform von → *Simon*.

I **Simmel** *siml* UNZH., RUST. – m., f.: PflN; ‚Hanf, Cannabis sativa', in der Ortenau die männl. Pflanze ZFD MU. 1913, 318, MITTEIL. 1915, 372, in UNZH. die weibl. Pflanze MITTEIL. 1933, 294. – Vgl. *I Fimmel 1*. – Els. 2, 358.

II **Simmel** → *Semmel*.

Simmel-berg m.: FlN, GÜTENB./O. FWGLER (KARTE). – Zu dem bei uns nicht belegten Adj. *sinwell* ‚rund'.

Simmele-bühl *simiļibūl* MAMB. – m.: FlN, Zinken der Gemeinde Häg KRIEGER 2, 997. – Laut ALEM. 35, 148 entstanden aus *sinwellenbühl*. Bestimmungswort daher zu dem bei uns nicht belegten Adj. *sinwell* ‚rund', zum Grundwort s. → *Bühl 1a*.

Simmel-sack m.: ‚Hanfsack'; Neujahrswunsch: *Im Vadder en Zentner Rauchduback, / De Mueder en volle Simmelsack* HERRISCHRD.

Simmel-stengel *simlšdeŋl* O.WEIER (RAST.). – m.: ‚die männl. Hanfpflanze' ZFDMU. 1916, 219. 283. – Vgl. *I Simmel*.

Simmentaler *simədālər* ENGEN. – Pl.: Tiern. ‚eine gescheckte Rinderrasse', ursprünglich aus dem Simmental in der Schweiz 1973 ENGEN; *Simmentaler Gelbscheck* 1895 MENNGN. – Weiteres → *Gelbscheck, Rasse 1*. – Pfälz. 6, 117; Schweiz. 12, 1334 unter (*Sibentaleren*); Südhess. 5, 1035.

Simmere *sümərə* so u. ä. mancherorts Taubergrund; *simri* SCHWEINBG, ADELSHM, MINGOLSHM, EICHELBG; *simər* SCHLOSSAU, EBERB., NEUREUT; *sumərə* MUDAU; *siməri, -į-* MANNHM, EBERB., HEIDELBG, mancherorts Kraichgau, DURLACH, KAPPELRODECK, verbr. nördl. Ortenau, nördl. Hanauerland; *simvrə, -į-, -ī-* mancherorts Kurpfalz, HOCHSTET. (LINK.), MÖNCHZ., MENZGN, JÖHLGN, ZAISENHSN, BERMERSB. (RAST.), FORB.; *simərə, -į-* O.SCHEFFL., ZAISENHSN, verbr. nördl. Schwarzwald bis zum Achertal; *simvri*

Rapp., Mörsch; *simrə, -i̯-* Elsenz, Karlsr., Wintersd., Hörden, Hundsb.; *sêmre* Pforzhm; *siməriŋ* Au a. Rh.; *si̯mər* Ottersd., Wagsh.; *simv* Plittersd.; *seməri, -ę̈-* Rheinbisch., Auenhm; *si̯mri* Hörden, Lörrach; *semərə* Teutschneureut (=Neureut), Liggersd.; „*Simmerich*" Welschneureut (= Neureut); Pl.: *semrə* Steinegg; Dim.: *sümərlə* Werb.; „*Simmale*" Forchhm (Karlsr.); *si̯ml* Neuw.; *sīmli, simli̯* Lautenb. (Rench); *si̯mərli* Griesb. (Freudenst.); „*Simele*" Stockach. – m., n.: 1) a) ‚altes Hohlmaß, überwiegend für Getreide, aber tw. auch für Früchte, Kartoffeln usw.' Schweinbg/Umfr., Schlossau/eb., 1894 der → *Sester 1a* in Gebrauch Berolzhm/eb. 55, Mangold 40, Bräutigam So 123, Treiber 92, Frei Schbr. 149, Lehr Kurpf. 111, Eichelbg/Umfr., Schöllbronn/eb., Steinegg/eb., E. Schneider Durl. 223, O. Sexauer 110, Ruf 42, G. Müller 24. 35, Beck 101. 176, Fuchs 28b. 50a. 62, E. Dreher 62, Heidelbg/Bad. Heim. 1917, 79, Karlsr./eb. 1916, 49. 52, Elsenz/Alem. 25, 232, Zaisenhsn/ZfdMu. 1907, 279. 1909, 178, O.weier (Rast.)/eb. 1916, 283, Bühl (Rast.), Ottersw., Achern/eb. 1913, 362; Angaben zur Maßrelation: „der 8. Teil eines Malters bei glatter Frucht, der 9. bei Hafer" Roedder Vspr. 527b, Bruhr. 164; „der 12. Teil eines Malters" Turmberg 1955, 53; „20 Pfund Korn, 15 Pfund Hafer" 1924 Mudau; 20-22 Pfund 1975 Au a. Rh.; ca. 21, 22 Pfund 1975 Neuburgw.; 10 l 1953 Kappelrodeck; 25 Pfundmaß 1967 Auenhm; 15 l Hettgn, Griesm/Ochs-Festschr. 260, Weier/eb.; urspr. 15 l, dann 20 l 1975 Hügelshm; 16 l Lenz Wb. 65b, Meis. Wb. 153bf.; 20 l Hettgn, Mörsch, 1976 Plittersd.; 20-25 l 1932 Gengenb.; 30 l Dischinger 176, Humburger 186; 32 l G. Maier 159; zwischen 12,5 l und 113 l je nach Region Herwig-Schuhmann 114, Wagner 184, Schwarz 75; 1448 *so soll mans ine wol bieten ... und der knecht pferde iglichem ein symmern habern* Bad. Weist. 3, 56; 1559 *und gibt je ein lehen virthalb sumeri korns* eb. 197; 1602 *Ein jder zentmann ... muß jährlichen dem schultheißen zu Eberbach alß zentgrafen ein simern habern ... liefern* eb. 4, 25; 1716 *Dem gebütel zu Großsachsen wird jährlich ... gereicht und verrechnet zwey simmern korn* eb. 2, 223; *1 sümərə = 3 mędsə* (→ *1 Metze*) Hettgn; *4 bis 5 Simri* ‚100 bis 120 Liter' Bauland/Mein Heimatl. 1939, 268; *ə si̯məli hāwər* ‚ein Simmere Hafer' 1978 Griesb. (Freudenst.); *e Sümmerle Zwüwwl* Ehrmann 293; ältere Leute kaufen ein *S.* Sand (für Scheuerzwecke) 1910 Karlsr.; *for ē mārig hods ə si̯məri gwédsə gëwə oder ə si̯məri bámni̯s* ‚für eine Mark hat es einen *S.* Zwetschgen oder Walnüsse gegeben' Eberb. Geschichtsbl. 1953, 8; *so war's bisher in jeder Herrschaft, in jedem Städtlein anders, andre Ellen, andre Schoppen, andre Simri oder Sester, anderes Gewicht* Hebel IV, 48; Ra.: *koo(n) Simm(er)re Salz bei oom esse* ‚nicht lange bei jemandem bleiben' Litterer 304; *däa hads am simmare* ‚der ist reich, kann aus dem Vollen schöpfen' Wagner 184. – b) ‚Blechbehälter, der einen → *Simmere 1a* fasst', zum Messen 1924 Mudau, Heidelbg. – 2) übertr. ‚Kopf' Tauberbisch., Humpert Mudau 208, Mangold 40, 1921 Menzgn, G. Maier 159, 1935 Durb., Offenb./Ochs-Festschr. 258, Bühl (Rast.), Ottersw., Achern/ZfdMu. 1913, 362; *dea hodd in groußə Simmarä* Frei Schbr. 149; *I schlaag-dä ääni uff däi Simmëri* Dischinger 176; *däa had äbbas am simmare* ‚dem fehlt es im Kopf' Wagner 184; häufig lediglich im Vergleich *ə khobf wi ə simərə* u. ä. mit verschiedenen Erklärungen: ‚ein großer, dicker Kopf' Roedder Vspr. 527b,

Ehrmann 293, Eberb., Litterer 309, Mangold 40, Karlsr./Bad. Heim. 1916, 49, Karlsr. Tagbl. 13.4.1922 Beil.; ‚ein Kopf voller Gedanken' Herwig-Schuhmann 114; ‚nicht wissen, wo einem der Kopf steht' Treiber 92; ‚ein brummender Schädel, mit Kopfschmerzen behaftet' Hettgn, Wagner 184, Frei Schbr. 149, Bräutigam So 123, Lehr Kurpf. 111; Volkssage: einem Mann *wurde der Kopf so groß wie ein Simmer* als er eine feurige Kutsche aus dem Mannheimer Schloss kommen sah Bernhard Baader Vs. 306. – Mhd. *sümmer, summer* (n.) ‚Getreidemaß, Scheffel'. – Weiteres → *laufen BI2, I Malter, I Meß 2a, Nachbar*; vgl. *Kuh-, Mordssimmere*; vgl. *Sester*. – DWb. 10/1, 1059 (*Simmer*). 10/4, 1076 (*Summer*); Els. 2, 358; Fischer 5, 1408 (*Simri*); Pfälz. 6, 117 (*Simmer*); Schweiz. 7, 987 (*Sumber*); Südhess. 5, 1035 (*Simmer*); SUF IV, 40.

Simmere-korb *simvrəkovb, -ko̱vb* Mannhm. – m.: ‚Korb mit 12,5 kg Fassungsvermögen', nur noch selten bei älteren Bauern der Vororte in Gebrauch 1986 Mannhm. – Pfälz. 6, 119 (*Simmernkorb*).

Simmeres-kopf *simərikob* Eberb.; *simərišḱhobf* O.-scheffl.; *simvriskobf* Rapp., Mörsch; Pl. *simərišḱhebf* O.scheffl. – m.: 1) ‚großer, dicker Kopf' Roedder Vspr. 527b, Meis. Wb. 154a; *dēr hodn si̯mərikob, i̯s dēr rausgfrēsə* ‚einen dicken, von bester Ernährung zeugenden Kopf' Eberb. Geschichtsbl. 1953, 8. – 2) ‚eigensinniger Mensch, Dickkopf' Hoffenhm. – Vgl. *Sester 2a*. – Pfälz. 6, 119 (*Simmerkopf*); Südhess. 5, 1035 (*Simmerkopf*).

simmerig ‚sommerseitig' → *sommerig*.

Simon *simon, -ō-* O.scheffl., Grosssachsen; Kurzform: *simə, -ī-* Grosssachsen, Handsch., Sandw., Sunthsn; *simī* O.scheffl.; *simi* Mingolshm; *šimə* Rapp.; *šimi* 1911 veraltet Mörsch; *si̯mę* Etthm. – m.: 1) a) männl. VN Lenz 4, 6, Roedder Vspr. 527b, Meis. Wb. 163, Bruhr. 164, G. Müller 35; *Gebelesime* ‚Simon Armbruster vom Gebelehof' Hansjak.-Jb. 2, 147; *Dem alten Bur, der mit seinem Vornamen Simon hieß* Hansjak. Erzb. 166; *Simon, der Bur, blieb daheim* eb. 171; „*Was läuten sie?*" – „*He, man vergräbt den jungen Suttersime!*" ‚... den jungen Simon Sutter' Burte Wiltf. 56; *Simə də Bäb!* ‚Simon, gib mir den Klebstoff' Fleig N. 4; „*Muetter*", *erwidert der Simme*, „*soll euer Sege verscherzt sii*" Hebel 39, 130; Spottvers: *dr Simma het's Grimmv* Reute (Emm.); Weiteres unter → *Simonskränke*. – b) FN; u. a. bei Juden vor 1809 gebr. Dreifuss FN Jud. 110; *Simmekärli* ‚Karl Simon' Sunthsn; *wo der Simmefritz un 's Eveli ghuust henn* ‚wo der Fritz Simon und das Eveli gehaust haben' Hebel 39, 8. – 2) ‚einfältiger Mensch' Lenz 1, 42b, Lenz 4, 6. – Weiteres → *Abend a, Peter 2c*, vgl. *Kuhsimon, Simeleweber*; vgl. *Schmaie*. – DWb. 10/1, 1060; Els. 2, 358; Fischer 5, 1407; Pfälz. 6, 119; Schmeller [2] 2, 281 (*Sima*); Schweiz. 7, 956; Südhess. 5, 1037.

Simon-Judäas-Markt m.: (Jahr-)Markt, benannt nach den Aposteln Simon und Judas Thaddäus, die am 28. Oktober Jahrestag haben, heute (2018) in Herbolzhm (Bleich) offiziell *Simon-Thaddäus-Markt*; *Simili-Düdili-Markt* 1966 eb./Etth. Zeit.; *Däddilis-Markt* eb./Badische Zeitung v. 28.10.2017.

Simons-bauer *siməsbur* Waldau. – m.: ‚der → *Bauer 1* auf dem → *Simonshof* 1973 eb. u. ö.

Simons-beunde f.: FlN Schwarzach, nach dem Inhaber oder Nutzungsberechtigten benannte → *Beunde*; 1867 *Simonsbühnd* Orten. 1975, 269.

Simons-ginkel *sı́misgingl* Buchholz. – Pl.: Übername für die Bewohner von Simonswald. – Zum Grundwort s. → *Ginkel*.

Simons-häule *siməshǫ̈uli, -hǫ̈üli* Singen a. H. – n. (Dim.): FlN, ein Waldstück Singen a. H./W. Schreiber 43; 1724 *des Simeleins (Simöleins) Häwli* W. Schreiber Zw. 311; 1878 *Simonshäule* eb. – Das Grundwort ist Dim. zu → *I Hau 1*.

Simons-hof *siməshōf* Waldau. – m.: häufiger Hofname, z. B. in Freiamt, O.simonswald, Jost./Krieger 2, 997; *uf͜əm siməshōf* 1973 Waldau.

Simons-kränke f.: unbestimmte Krankheit Zimmerm. hs. 274; vor allem in dem auf Juden abzielenden Spottvers: *Em Schime (Simon) saī Gāis hots Fiewer, / Si springt uf Tisch un Bänk, / Si wackelt rīwer un nīwer, / Si hot di Schimeskränk* Meis. Vk. 8. – Zum Grundwort s. → *Kränke*.

Simons-kreuz n.: FlN Singen a. H., wohl ein nach dem Stifter benanntes Feldkreuz; 1748 *ob der Kräherstraß bey Simons Kreuz* W. Schreiber Zw. 311.

Simons-rain *siməsrǫu* Singen a. H. – m.: FlN, Ackerland; 1777 *unter Simme Rhain* W. Schreiber Zw. 311; 1878 *ob Simonsrain* eb.

Simons-wald *simis-, simis̜wáld* Bleib., Simonswald, Gütenb., Urach. – ON: Gemeinde an der Gutach, nahe Waldk. (Elzt.); 1178 *Sigmanswalt* Krieger 2, 998; 1314 *Sigemanswalde* eb.; 1445 *Sigmaßwald* eb.; 1529 *im Simaßwald gelegen* eb.; *in simiswald hįndəri* ,nach S. hinten hin' Bleib.; *im simiswáld* 1968 Simonswald, ähnl. St. Märgen/Schulheft 1968, 55. – Vgl. *Obersimonswald*.

Simons-wälder *simiswéldər* Bleib. – m.: ,Bewohner von → *Simonswald*; *du red'st ja wie ein Simonswälder!* Maidy Koch Vergang. 57. – Übername s. → *Simonsginkel*.

Simpach *simbax* Freudenbg, mancherorts Bauland, Kurpfalz, Kraichgau, Jöhlgn, Mörsch, Ottersd., Bühl (Rast.), Ottersw., mancherorts Ortenau, Eichstet., Schonach, Villgn, Radolfz.; *simbax* Oftershm; *sêmbax* Pforzhm; *sı́mbax* Kappelwi.; *sembáx* Diershm; *sı́mpax* Möhrgn; *simpax* Konst. – m.: 1) Schimpfw. ,dummer Kerl, einfältiger Mensch, Tölpel', euphemistische Abschwächung von → *Simpel* Humpert Mudau 208, Roedder Vspr. 527b, Mosb./Umfr., Bräutigam So 122, Frei Schbr. 149, Liébray 275, Lehr Kurpf.[2] 136, Dischinger 176, Meis. Wb. 154a, O. Sexauer 159, Burkart 248, G. Maier 158, Fleig 134, Joos 101a, Bühl (Rast.)/ZfdMu. 1913, 362, Ottersw./eb., Achern/eb., Eichstet./eb.; *Du bisch e Simbach* Braunstein Raa.; *Der Lehrer isch en Simbach / I bin's nebbesser g'wohnt* Eichrodt 43; abschlägige Ra.: *jo Simbach, Ofeloch* Ellenbast 66. – 2) ,fiktiver Ort'; in Ra.: *er iš fun simbach* ,er ist dumm' Mörsch; ähnl. Ruf 42. – Weiteres → *simpeln*. – Els. 2, 359; Fischer 5, 1408 (unter *simpel*); Südhess. 5, 1037.

Simp-aff(e) *simbaf* Opfgn. – m.: ,Dummkopf' Sutter 261. – Wohl Kontamination von *Simpel* und *Affe*.

Simpati ,Heilweise' → *Sympathie*.

Simpel *simbl* Werthm, mancherorts Bauland, Kraichgau, verbr. Kurpfalz, Philippsburg, Jöhlgn, Mörsch, Bühlert., Altenhm, Rust, Münchw., Schonach, Reute (Emm.), Altglashütten; *simbəl* Sandhsn, Eggenstein, Schutterwald, Hofw., Lahr, Harthm (Freib.), Stahrgn; *sêmbl* Pforzhm; *sembl* Auenhm; *sümbl* Ottenhm; *simbəl* verbr. ob. Markgräflerland, Saig, Schwörst.; *simbl* Lörrach; *sümpəl* Wehr, Esch-b. (Waldsh.); *sümbəl* Rüsswihl; *simpəl* Gutmadgn, Radolfz.; Pl. wie Sg. – m.: Schimpfw. ,dummer, törichter Mann, Einfaltspinsel, Dummkopf' Platz 298, Roedder Vspr. 527b, Lenz Wb. 65b, Frei Schbr. 149, Lehr Kurpf.[2] 136, Humburger 186, Meis. Wb. 154a, O. Sexauer 159, Braunstein 58, Bayer 63, Schwendemann Ort. 1, 36, Fleig 134, Pfrengle Harthm 34, Glattes 33, Beck 231, Schäuble Wehr 143, Kramer Gutmadgn 274, Ellenbast 66, Heidelbg/Bad. Heim. 1917, 81, Feldbg/Markgr. 1971, 149, Rüsswihl/Mein Heimatl. 1937, 204. 209; *bleedä Simbl* Dischinger 176; neckische Anrede: *alder Simbl* Herwig-Schuhmann 114, ähnlich Dischinger 176; *zwei Simpel* Romeo Tann. 131; *ihr Simpl!* Jung Brägel 43; *du simbəl* Staedele 12, ähnl. Reute (Emm.); *du bisch halt ä Simbel* Lahr; *də brüədər, de simbəl het si fəršosə* ,der Bruder, dieser Dummkopf, hat sich erschossen' 1971 Schwörst.; *no blǫ̈dsinigər hets de simbl bigot nit xǫ̈nə maxə* H. Müller Intell. 57; *enn Simbl isch enn eefeldischer Kerl, mit demm Grabbe (→ I Krapp 1) gfange werre weila nitt uffədrehde kann* Odenwald MPh. 100; *Do werre se allmählig grobb un dumm / Un dabbe endlich als cumpledde Simpel rum* Nadler 61; von Fischen, die sich nicht bewegen, wird gesagt: *si hokəd əm bodə wīə d simpəl* Möking 83; Ra.: *dè Simpèl machè* ,sich ausnützen lassen' Ellenbast 15; *i laß mit mr it dè Simpèl machè* eb.; *si maxd də simbl ausəm* ,sie betrügt ihn, aber er will es nicht merken' Mannh. – Zu *simpel* ,einfach, einfältig'. – Weiteres → *du 1a, dumm 2a, verwachsen 1b, stehenbleiben*; vgl. *Familiensimpele, Hut-, Kubik-, Ober-, Quadrat-, Sau-, Stock-, Wutsimpel*; vgl. *Bachele, Tade 3, Teigmartin, Tollweck, Tolpatsch, Tölpel, Trümmel 2, Dubel, Turmel 2, Gimpel 2, Hamballe 1, Hannebampel, Hilari 2, Hornochs, Hösele, Itzig 2b, Kamuffel, Lappe 1, Lappenduttel, Olldopp, Saftneger, Schmalmittag, Seckel 4, Siebenturmel, Simpach, Simpaffe, Simplex, Spinner, Sürmel*. – DWb. 10/1, 1061; Els. 2, 359; Fischer 5, 1407. 6/2, 3119; Pfälz. 6, 120; Schweiz. 7, 991; Südhess. 5, 1037.

simpel Adj.: ,einfach, einfältig'; *Wer in Paris, / Wie ich, die Mesalliance französch hot gsunge, / Schterbt nit als Mensch un simpler Granadier* Nadler 54. – Mhd. *simpel* ,einfach, einfältig', entl. aus franz. *simple*, das auf lat. *simplex* ,einfach' zurückgeht. – DWb. 10/1, 1060; Els. 2, 359; Fischer 5, 1407; Schweiz. 7, 991; Südhess. 5, 1037.

simpel-haft Adj.: ,schwachsinnig'; 1785 *an Statt seiner simpelhaften Vogttochter* 12.11.1785 Kaufbrief Schopfhm. – Vgl. *seckelhaft*. – Fischer 5, 1408.

simpelig *simblig, -i̜-* Reute (Emm.), Altglashütten. – Adj.: ,dumm, tölpelhaft' Zimmerm. hs. 284, H. Müller Intell. 60. – Vgl. *seckelhaft*. – DWb. 10/1, 1062; Fischer 6/2, 3119; Südhess. 5, 1040.

simpeln *simblə* mancherorts Kurpfalz; *simplə* Gutmadgn. – schw.: ,sich nutzlos um etwas bemühen, planlos Zeit vergeuden' Frei Schbr. 149, Kramer Gutmadgn 274; *du Simbach, wu simblschen widder rum?* Humburger 186. – Vgl. *fach-, ummesimpeln*. – DWb. 10/1, 1062; Fischer 6/2, 3119; Pfälz. 6, 121; Südhess. 5, 1040.

simpels-dumm *sı́mblsdǫm* Gremmelsb. – Adj.: ,sehr dumm' Fleig 135. – Vgl. *seckelhaft*.

Simpel(s)-franse(l) *simbəlsfrands* Oftershm; meist Pl.: *simbəls-, simblsfran(d)sə* verbr. Kurpfalz, Rapp., Schutterwald; *simblsfransə* Hettgn; *simblsfransə* O.scheffl.; *simblsfrǫndsə* Östrgn, Mörsch, Bietighm; *sı́mblsfransə, -i̜-* Etthm, Tribg; *simblframsə* Schonach; *simbəlsfransə* Schopfhm; *sı́mplframsə* Singen a. H.; *simplframsə* Stockach; *simblsfronslə* Bühlert.; *simbəl(s)frandslə* verbr. Breisgau; *simbəlsfranslə* Feldbg. – f., Pl.: ,kurz und gerade abgeschnittene, in die Stirn hängende Haare bei Frauen, Pony' H. Schmitt[2] 118, Bräutigam So 122, Herwig-Schuhmann 114, Liébray 275, Frei Schbr. 149, Lehr Kurpf.[2] 136, Rittler 124, Meis. Wb. 154a, R. Baumann 96, Fleig 135. 151, Fuchs 62, Feldbg/Markgr. 1971,

149, tw. als ‚Stirnlöckchen' beschrieben ROEDDER VSPR. 527b, HEIDELBG/BAD. HEIM. 1917, 83, in WIESLOCH, MAHLBG, FREIB. aber als ‚glatte Stirnhaare'; sieht aus wie bei einem → *Simpel* DISCHINGER 176, „Modefrisur" W. SCHREIBER 54; *Was hesch du fir Simbelsfranse?* BRAUNSTEIN RAA. 33; *Was isch sell fir e Gschuggti* (‚Verrückte' → *I schucken 4*) *mit de Simblsfranzle un mitem rote Fägge* (‚Kleid' → *Fecke 2*) *aa?* EMM. HEIMATKALENDER 69. – Zum Grundwort s. → *Franse 1, Fransel*. – Vgl. *Herrenwinkerle, Judenbusch, Weidenbosch*. – DWb. 10/1, 1061 (*Simpelfranzen*); Fischer 5, 1408 (*Simpelfranze*); Pfälz. 6, 120 (*Simpelfranse(l)*); Schweiz. 1, 1310 (*Zimpelsfransen*); Südhess. 5, 1039.

simp-lecht s*ịmblę̄χd* GENGENB. – Adj.: ‚dumm'; *ę̄ simblę̄χdər kaib* ,ein dummer Mensch' KILIAN 48; *ę̄ s*ịmblę̄χdi sax eb. – Abl. zu *simpel*, zur Wortbildung s. → *rotlecht*.

Simplex s*ịmblęgs* LAHR. – m.: Schimpfw. ‚dummer, unerfahrener, einfältiger Mensch' LAHR, KONST.; *Un do het 'r dra denkt, wia seller Simplex [...] nuf in d' Moos g'wandert un dert Waldbrueder worre nisch* GANTHER STECHP. 101; „*Bliz,*" *het d'r Franz denkt, „was d'r Simplex fertig brocht het, bring i au fertig ..."* eb.; *D'r Simplex [...] het 's reinscht Herrelewe d'rgege g'füehrt* eb. 108. – Zu lat. *simplex* ‚einfach'. – Vgl. *Simpel*. – Els. 2, 359; Schweiz. 7, 991 (*Simplax*).

simplizieren schw.: ‚vor sich hinsinnen, krankhaft dummes Zeug denken' RHEINBISCH./ZIMMERM. HS. 284. – Vgl. *simulieren*.

Simri → *Simmere*.

Sims(e) s*ụ̈məs* HETTGN; s*ịmə̄s* O.SCHEFFL.; *simsə, -ị-* verbr. NBaden; *simsdə, -ị-* RETTIGHM, RUSSHM, N.-SCHOPFHM; *semsə* ROHRB. (EPP.), ELLMENDGN, DILLSTEIN, AU (PFORZH.), veraltet PFORZHM; *sems, -ẹ-* vereinzelt Pfinzgau; *sēmsə, -e-* PFORZHM, LEGELSH.; *sẽms* AUENHM; *sịmst* ALTENHM; *sims, -ị-* verbr. Mittelbaden, südl. Schwarzwald, vereinzelt Markgräflerland, Baar, Gegend um VILLGN, mancherorts Klettgau, FRIEDGN, RADOLFZ., PARADIES; *simsə, -ị-* verbr. nördl. und mittl. Schwarzwald, Kaiserstuhl, Breisgau, unteres Markgräflerland, SÄCKGN, STETTEN (WALDSH.), STÜHLGN, Baar, Hegau, Höri, Bodanrück, PFULLEND., Linzgau; *simsə* Hochschwarzwald, vereinz. Klettgau, Gegend um STOCKACH, Bodensee; *simbs* ROTENFELS; *simbsə, -ị-* KAPPELWI., DENZLGN, HERDERN, KARSAU, HINTSCHGN, DETTGN, HAGNAU; *simpsə, -ị-* mancherorts östl. Baar, FÜTZEN, SCHWAND., MESSK., BURGWLR, IZNANG, NEUDGN, AACH, STAHRGN; *sịnsmə* GRIESSEN; *simsmə, -ị-* LIGGERSD., LIENHM, DETTIGHFN; *sempsə* HAUSEN I. T.; Pl.: *sịmsə* HELMLGN, OTTERSW., BERGHAUPTEN, GERSB.; Dim.: s*ịmslị* JOST., HINTERZTN. – m. (überwiegend), f. in einem breiten Streifen von Ortenau über Elztal, Hochschwarzwald, Hegau bis zum Bodanrück, n. in NBaden, vereinz. Hanauerland, Ortenau, Hotzenwald, Bodanrück: ‚Fensterbrett, Absatz, Vorsprung' LENZ WB. 65b, ROEDDER VSPR. 527b, MEIS. WB. 154a, DISCHINGER 176, P. WAIBEL 56, O. SEXAUER 9. 109. 123. 132, BAUR 270, HEBERLING 8, BURKART 127, R. BAYER 24, G. MAIER 159, SCHWENDEMANN ORT. I, 88, FLEIG 65. 135, PFRENGLE HARTHM 54, KIRNER 7. 8. 466, SINGER HÖRI 31, W. SCHREIBER 27, ELLENBAST 66, E. DREHER 82, JOOS 101a, HANDSCH./ZFDMU. 1921, 86; ‚Wand-, Brettgesims' ST. BLASIEN; *ə grōsə sịmsə* WILDGUTACH; *Simsə am Hüs* REUTE (EMM.); *də usər sịmsə* ‚der äußere Sims' 1986 ZELL A. H.; *lęgs uf də semsə!* PFORZHM; *dört hangt der Oser (Schulranzen) am Simse!* HEBEL 20, 95; *Üwerál wo mer naguket, uf der Simse, uf de Bêm ... [...] liegt Schnee* O. FWGLR 47; verbr. auch in Kompo-

sita: *bluəməsimsə* 1977 FISCHERB.; *usəsịmsə* 1981 BONND. (ÜBERLGN); *ịnəsịmsə* eb.; *də ịnr feanštrsịmsə* ‚der innere Fenstersims' 1976 LIGGERGN; *lei dər šlịsl uf dər fęnštərsịmsə* ‚Leg den Schlüssel auf den Fenstersims!' 1976 MOOS (BÜHL). – Ahd. *simiz̧*, mhd. *sim(e)z̧* (m.) ‚Sims, Gesims', laut KLUGE 673 entl. aus mlat. *sīmātus* ‚plattgedrückt'; zur Lautbildung vgl. Schweiz. 7, 995. – Vgl. *Bücher-, Fenstersims, Gesims, Stubengadensimse*; vgl. *I Saum 2b, Simsel*. – DWb. 10/1, 1062; Els. 2, 359; Fischer 5, 1409; Pfälz. 6, 121; Schweiz. 7, 993; SDS VII, 176; VALTS IV, 129.

Sims(e)-brett s*ịmsbręd* O.BIEDERB.; *-brad* JECHTGN; *-bręt* GAISS, DILLEND.; *sịmsəbrad* GÜNDLGN; *-bre(ə)t* RAITHASLACH, LIGGERSD. – n.: ‚Fensterbrett' SSA-AUFN. 436/4. – Vgl. *Fenstersims*.

Simsel s*ịms(ə)l* um Schauinsland, unt. Markgräflerland, vereinz. ob. Markgräflerland, Dinkelberg, östl. Hotzenwald, ob. MAMB., GERSB., IB. (SÄCK.), LAUFENBURG; *sịn(d)s(ə)l* verbr. ob. Markgräflerland, NEUENWEG, LÖRRACH, Hotzenwald; *sịnsl* HERTEN, BRENDEN, ÜHLGN; *sịnsl* HERRISCHRD, GAISS; Pl. wie Sg.; Dim.: *sịmsilị* WIEDEN. – m.: dass. wie → ‚*Sims*' GLATTES 35, BECK 119, SCHÄUBLE WEHR137, RÜSSWIHL/MEIN HEIMATL. 1937, 208; *Vom Sinzel inne loost selb Elis beede zue* BURTE MAD. 276. – Els. 2, 359 (*Sinsel*); Schweiz. 7, 997; SDS VII, 176.

Simsen-grattler s*ịmsəgrądlər, -grádlər* APPENW., DURB., ZELL-WEIERB., Elztal. – m.: **1)** ‚saurer, schlechter Wein' G. MAIER 159, 1935 DURB., KREUTZ 88. – **2)** ‚schlechter Schnaps' 1922 Elztal. – Das Wort ist von der Vorstellung motiviert, dass von Reben, die an der Hauswand hochklettern, keine gute Weinqualität erwartet werden kann. Zum Grundwort s. → *Grattler 1*. – Vgl. Syn. unter *Rachenputzer*, dazu *Krappengauntscher, Sauremus 1, Wandgrattler*.

Simsen-gumser s*ịmsəgumsər* HÜGELHM. – m.: dass. wie → *Simsengrattler 1* KRÜCKELS 208. – Das Grundwort ist eine Abl. zu *gumpen*.

Simsen-hopser *simsəhobsər* FRIESENHM, EICHSTET. – m.: **1)** dass. wie → *Simsengrattler 1* 1935 DURB. – **2)** Übername eines mit kurzen Schritten trippelnden Lehrers FRIESENHM, vgl. *Simas 3*.

Simsen-krebsler *simsagrębslv* JÖHLGN; *sịmsəgrębslər* ZELL-WEIERB.; *-grębsl(ə)r* SCHONACH, FREIB., RADOLFZ.; *-grabslər* IHRGN, N.RIMSGN. – m.: **1)** ‚Rebstock, der sich an der Hausfront hochrankt' A. MÜLLER I, 54, ELLENBAST 66. – **2) a)** dass. wie → *Simsengrattler 1* SCHWARZ 75, KREUTZ 88, SCHMIDER KK 93, HÖFFLIN 227, WALDK. (ELZT.), A. MÜLLER I, 54. – **b)** ‚minderwertiger Schnaps' SCHONACH/FLEIG 135. – **c)** ‚(Johannis-)Beerwein' KRANICH 30, FREIB. – **3)** ein (nicht näher bezeichnetes) Schimpfwort DISCHINGER 176. – Zum Grundwort s. → *Krebsler*. – Zu Bed. 2a vgl. Syn. unter → *Rachenputzer*, zu Bed. 2b vgl. *Fisikatorawasser, Gückes 1, Kirchhofkrebsler, Rübenfusel, Sarglack 2, Schlinkenputzer*, zu Bed. 2c vgl. *Krachstüpfler*. – Fischer 5, 1409.

Simsen-läufer *sịmsəläufər* mancherorts Kraichgau. – m.: Schelte für einen Außenseiter HUMBURGER 186. – DWb. 10/1, 1064; Fischer 5, 1410.

Simsen-tanzer *simsədandsr* KENZGN. – m.: **1)** ‚unruhiger Mensch' KENZGN/ZFHDMU. 3, 94; *Kerl, uf die mer baut e Haus, / Werre Simsedanzer draus* (in der Fremde) EICHRODT 27. – **2)** ‚langweiliger, fader Mensch' HASLACH I. K./ZFDMU. 1918, 148. – Weiteres → *III Mucke 2e*.

Sims-hobel *semshowl* AUENHM. – m.: ‚schmaler → *Hobel 1a* zur Herstellung/Bearbeitung von Falzen' MENG 175. – DWb. 10/1, 1064; Els. 1, 299; Fischer 5, 1410.

simulieren *sim(ə)līərn* MONDF., mancherorts NW-Baden nördlich des Neckars; *sim(ə)līvn* HANDSCH., HETTGN, ADELSHM; *simōlīrnə* O.SCHEFFL.; *simōlī(v)rə* mancherorts Kurpfalz, MÖNCHZ., RAPP., OTTERSD., Markgräflerland, RADOLFZ.; *simlī(ə)rə* Stüberzent, mancherorts Kraichgau, Pfinzgau, MÖRSCH; *siwəliərə* SCHWETZGN; *siməlīrn* BIETIGHM; „*sinnuliere*" RASTATT; *semlērə* HONAU; *semliərə* RHEINBISCH.; *simulīərə* MOOS (BÜHL), mancherorts Ortenau, SCHONACH; *simulivrv* REUTE (EMM.); *seməlērə* KIPPENHEIMWLR., MÜNCHW., JECHTGN; Part.: *siməlīvt* u. ä. FAHRENB., RAPP., LAHR; *gsimōlīrt* O.SCHEFFL. – schw.: **1)** ‚grübeln, zwanghaft nachdenken, sich Sorgen machen' H. SCHMITT[2] 118, BRÄUTIGAM SO 123, HERWIG-SCHUHMANN 114, LENZ 1, 42b, ROEDDER VSPR. 527b, FREI SCHBR. 149, LIÉBRAY 275, BRUHR. 164, MEIS. WB. 154a, SCHWARZ 75, RITTLER 124, RUF 42, FOHRER 54, SCHWENDEMANN ORT. 2, 16, BRUNNER 274, FLEIG 120. 135, GLATTES 19, ELLENBAST 66, HANDSCH./ZFDMU. 1918, 154f., FAHRENB./ZFHDMU. 2, 327, 1824 Stüberzent/MEIN HEIMATL. 1927, 201; *was siməlīrš au?* ‚Was sinnst du denn?' EBERB. GESCHICHTSBL. 1953, 14; *Was duesch widr simuliäre?* BRAUNSTEIN RAA. 33; *er het duschūr siṁeliärt* ‚er hat immer darüber nachgedacht' LAHR; *Häā uff zu simmliērə, s-hilfd doch niggs* DISCHINGER 176. – **2)** ‚sich verstellen, vortäuschen, heucheln' MANGOLD 59, DISCHINGER 176, SCHWARZ 75, RITTLER 124, MARX 49, HEIDELBG/BAD. HEIM. 1917, 91. – Entl. aus lat. *simulāre* ‚vortäuschen, nachahmen'. – Weiteres → *jetzt II 1 a*; vgl. *nachsimulieren*; zu Bed. 1 vgl. *brüten, vertiefen 2, grübeln 2a, grüblisieren, sinnieren, spintisieren, staumen, staunen*, zu Bed. 2 vgl. *verstellen 3a, vormachen 2*. – DWb. 10/1, 1064; Els. 2, 358; Fischer 5, 1410; Pfälz. 6, 122; Schweiz. 7, 957; Südhess. 5, 1041.

Simuliererei f.: ‚Grübelei'; **Simmeliererei** WERB. – Vgl. *Gesimulier*.

Sinai m.: der biblische Berg S.; Kinderlied: *Auf dem Berge Sinai, sumsumsum / tanzen kleine Zwerge, sumsumsum* ACHERN, FREIB.; Abzählreim: *Uffm Berg Sinai / Do hockt der Schniider Gigrigy; / Er chlopft jetzt sini Hosen uß, / Do hupft der gröschte Floh eruß* GLOCK BREISG. 138. – Weiteres → *Doktor 2, II Rast.* – Els. 2, 362.

Sin-bach m.: FlN, Bachname GOTTMADGN; 1518 *von Synbach herauf* HEGAU-FLURN. 4, 48. – Vgl. *Sinwag*.

Sindel-weg *tsíndlwēg* KIPPENHM. – m.: FlN, Weg entlang eines Abzugsgrabens; 1557 *am sindelweg* W. KLEIBER KIPP. 94; 1687 *sillweg oder sindelweg* eb.; 1723 *auf Sillwog* eb.; 1790 *Sümleweg* eb.; 1808 *Sindelweg bei Fuchslöchern* eb. – Die Mundartform mit anl. *ts-* ist wohl durch Verschmelzung mit dem Artikel entstanden.

Sind-flut → *Sintflut*.

Sindols-heim *síŋlšə* SINDOLSHM, HIRSCHLANDEN; *siŋəlšə* BEROLZHM; *sínlšə* SINDOLSHM; *síndlsə* ROSENBG. – ON: Dorf im Bauland, seit 1972 Ortsteil von Rosenberg SEYFRIED 26, ZFORTSN. 1931, 113; 1283 *Sindoltsheim* KRIEGER 2, 1000; 1437 *ich Ulrich von Rosenberg der junger han verkauft und versetzt mynen virtel am großen und cleinen zehenden zu Sindelczhein* eb.

Sinefor *sínefōr* RINGSHM. – n.: ‚Bahnsignal, Lichtzeichenanlage' 1919 eb. – Vgl. *Semafor*.

Sinese Schallwort, s. → *Sommerblatt*.

Singechten ‚Sonnwende' → *Sonnengicht*.

Sing-eisen *siŋīsə* FAHRNAU. – FN: GÖTZE FA. 47; ursprünglich wohl Übername eines Schmiedes, der das Eisen zum „Singen" bringt. – Vgl. *Düreisen*.

Singel(e)-matt *siŋələmad* WEHRHALDEN. – f.: FlN, Wiesengelände WEHRHALDEN, amtl. *Seigelmatt* KUNZE HOTZENWALD 186; 1844 *Matten, die sog. Singelmatt* Emil Schwendemann, Flurnamen der Gemarkungen Herrischried, Großherrischwand, Hogschür, Hornberg, Niedergebisbach, Rütte, Wehrhalden, Landkreis Waldshut, Murg/Baden 1983, S. 86; 1847 *Matten, die sog. Seigelmatt* eb. – Beruht laut KUNZE HOTZENWALD 186 auf *senge(le)n* ‚durch Feuer absengen' (vgl. → *sengen 1a*). Vgl. dazu auch SCHWEIZ. 7, 1187f. Zum Grundwort s. → *I Matte*. – Vgl. *Sengalenkopf*.

Singeln ON, FlN: ehemaliges Dorf bei Waldshut; 1288 *villicus de Súngellen* KRIEGER 2, 1001; 1663 *ein weingarten im Singelen* GÖTZE WA. 115. – Herkunft unklar. – Schweiz. 7, 1190.

Singen *seŋv* HAUSEN I. T.; *sēŋə* MÖHRGN; *siŋə* TENGEN, SINGEN A. H.; *siŋə, -i-* Höri, RADOLFZ. – ON: **1)** Stadt im Hegau KIRNER 444, W. SCHREIBER 45; 1102 *Singin* KRIEGER 2, 1002; 1343 *Syngen* eb.; 1530 *das dorf Singen im Hegew aller nechst under dem schloss Twiel gelegen* eb.; *tsēŋə* ‚in Singen' MÖHRGN; *dsiŋə u̯nnə* ‚in Singen unten' 1976 IZNANG; *dsiŋə abi* 1976 FRIEDGN (ähnl. BOHLGN); *dī yuŋə leit dī gond uf siŋə gi šafe* eb. – Dazu gehören die FlN *Singenbrunnen, Singener Bruck, Fahrweg, Landstraße, Seewadel, Straße, Weg, Singer Allmendwiese, Kirche, Singerberg, -bruck, -brunnen, -brunnenhof, -furt, -hard, -holz, -kreuz, -ort, -rain, -reben, -straße, -weg, -wegäcker, Singischer Heiligenacker, Singisches Kirchenzinsgut*. Näheres hierzu bei W. SCHREIBER 31, W. SCHREIBER ZW. 311ff. 455. 645, E. SCHNEIDER HILZ. 175, HEGAU-FLURN. 2, 52, eb. 4, 48, eb. 7, 90. – **2)** Dorf im Enzkreis, heute Ortsteil der Gemeinde Remchingen; 895 *marca Siginga* KRIEGER 2, 1001; 1268 *Singin* eb.; 1341 *zů Singen in dem dorfe und in der marke* eb. – Laut KRIEGER (eb.) „Heim des Siginc" bzw. „Bei den Angehörigen des Sigo".

singen *siŋə, -i-* verbr. in Gesamtbaden; *siŋə* O.SCHEFFL.; *sīŋə* ZAISENHSN, SCHENKENZ.; *seŋə, -e-* verbr. Hanauerland, KIPPENHEIMWLR, JECHTGN, GRISSHM, ISTEIN; *siŋv, -i-* REUTE (EMM.), LEIBERTGN; Part.: *gsuŋə, -u-* verbr. Gesamtbaden; *gsuŋə* O.SCHEFFL.; *gsöŋə* AUENHM; *ksuŋə* LIGGERSD.; Konj. Präs. 2. Sg.: *siŋiš* LIGGERSD.; Konj. Prät. 1. Sg.: *sēŋ* eb. – st.: **1)** von Menschen. **a)** ‚mit der Stimme eine Melodie hervorbringen, ein Lied vortragen' PLATZ 298, LENZ WB. 65b, FREI SCHBR. 149, LIÉBRAY 276; LEHR KURPF.[2] 101, MANGOLD 47, DISCHINGER 177, HEBERLING 36, BAUR 62, SCHECHER 83, DURB./UMFR., WILLINGER 67, BRUNNER 52. 89, METRICH 64. 101, HARTMANN 26. 85, MENG 305, CLAUDIN 64. 103, GESSER 21. 37, E. DREHER 95, KENZGN/ZFHDMU. 1, 363, ZAISENHSN/ZFDMU. 1907, 278, O.WEIER (RAST.)/eb. 1916, 284; 15. Jh. *ze lob und ze er singen ein vigil und zwo messe halten ein mess singen und ein sprechen ewiklich* STEINMAUERN SEELBUCH/FREIB. DIÖZ. ARCH. 2001 NR. 1; 1622 *Welche auch under den mählern mit jolen und singen sich leüchtfertig erzaigen wurden* VILL. STADTR. 205; *də kiryəkōr sinḑ* SCHWENDEMANN ORT. 1, 42; *Des Maidli kǫnn wiv schēn singe!* MEIER WB. 14; *wer hot n sou šeī bas gsuŋə?* ROEDDER VSPR. 527b; *diä singt grodefalsch* BRAUNSTEIN RAA. 48; *mər hērd nim[1] siŋə un mər hērd nim[1] šięsə* ‚man hört kein Singen und kein Schießen mehr' (beim Herbsten) KLEIBER BURKHM 30f.; *dan isser häm un hoot gsunga un gapfiffa* LINDELB./MEIN HEIMATL. 1933, 367; *dabei issem, wi wenn er öbs däöt hör sing* eb. 369; *di siŋəš* sagen die Bewohner von MUDAU über die aus LIMB., wohl in Anspielung über die dort übliche s-Palatalisierung; *singet's Schloofwüsli*

BAUM DIPFILI 17; *e Wiegelied singe* NADLER 153; *Die singt un schpielt un molt* eb. 141; subst.: *Ja, ja! Die Mussik, 's Singe, des Clavier, / Des bringt die Päärlin zsamme!* eb. 126; „*Sing, Hainerli, du zerst!"* HEBEL 34, 19; *Un wenn i no so früeih ins Gärtli spring / un unterwegs my Morgeliedli sing* eb. 40, 6; *do het d' Sängeri gar nit mit Singe uſhöre welle* GANTHER STECHP. 117; *Mole un singe het 'r künne wia e Herrigöttli* eb. 97; Ra.: *siŋə wi ə lęrix̢ə* ‚so schön wie eine Lerche' MEIS. WB. 154a, ähnlich EBERB., BRAUNSTEIN RAA. 48; *si̯ si̯nd wi̯e gráb* ‚so schlecht wie ein Rabe' 1952 EBERB.; *er oder sie kann singen wie eine Krott,* nämlich gar nicht OCHS-FESTSCHR. 261; *singe wie en Weihnachtsbu* ‚in den höchsten Tönen singen' C. KRIEGER KRAICH. 129; *r si̯nd aus dr fáuśd* ‚er singt auswendig, braucht kein Gesangsbuch' EBERB. GESCHICHTSBL. 1953, 13; als allgemeines Lob, zuweilen auch ironisch gemeint: *du bi̯š räxd i̯m si̯nə* ‚du bist in Ordnung, tüchtig' 1935 SCHOPFHM, ähnlich LÖRRACH; *Dy näärsche Lütt singe-n-am Tisch* SCHÄUBLE WEHR 29; Sprichw.: *wie die alten Sungen so pfeyffen die jungen* ELIS. CHARLOTTE/LEFEVRE 344; *do, wu ma singt, do loß disch nied(er), / beese Mensche hawe ko(n) Lied(er)* LITTERER 310; vgl. *pfienzen, plädieren 3, plärren 2b, trallern, trällern, gägsen 2, gigsen 4bβ, jodeln 1, johlen 1, schallen 2, schallern, schättern 2a, schmettern 2b.c.* – **b)** ‚heischen, singend betteln'; *Göhnt e Stücker drei, 's isch besser, singet ums Würstli!* HEBEL 16, 72. – **c)** ‚verraten, der Polizei Bericht erstatten'; *Hodd-ä schunn gsungä?* DISCHINGER 177; vgl. *verpappeln 1a.* – **2)** von Tieren. **a)** ‚zwitschern von Vögeln' O.WEIER (RAST.)/ZFDMU. 1916, 284; *Potz tausig, los, wie 's Vögeli singt!* HEBEL 55, 2; *'s singt kai Trostle (Drossel) drin, kai Summervögeli bsuecht si* eb. 6, 23; *Singt's Tierli nit in Hurst un Nast (Strauch und Ast)* eb. 2, 3; *sônigi Liadli singè dia Vögili* O. FWGLR 51. – **b)** ‚gackern von Hühnern' RUSSHM, 1973 N.HAUSEN, 1981 LEIBERTGN; *di hūⁿ singt* (halblaut, von eig. Gackern unterschieden) RAPP. – **c)** ‚schnurren von Katzen' 1977 HUTTGN, 1980 INZLGN, 1977 DETTIGHFN. – Mhd. *singen.* – Weiteres (in Auswahl) → *allemal 1, II als, Passion, Pfeffer 2b, pfeifen 2c, Bippele 1d, Blatt 2a, Daudenwägele, denn 1, Tremulant, I ein 2cβ, Engel 1a. 2a, erst 1, Euter 1αα, fein 1b, fest 2b, Gloria, grob 1c, Harfe 1, Heidlerche, herzhaftig 2, Kollekte 2, I Kor 1a. 2a, Kredo, krötenfalsch 2, Laus 2, Leiche 2, Leier 3c, Leilachenlied, lieben, Lied, löffeln 2, I Meß 2a, I Mette 1, Mode 2, Morgen 1, Morgensuppe 2b, müssen B1, Nacht, Nachtigall, Neckarbrücke, Nest 1, Note 1, I rein I3c, schallen 1, Schelmenlied, I Schnorre 2, schränken 2, Schusterbaß, schwätzen 1a, Seiler 1, Sprache, Stiefel;* vgl. *be-, Preis-, daher-, vor-, hinaus-, Küchle-, Oster-, Schnitz-, Sternsingen.* – DWb. 10/1, 1067; Els. 2, 365; Fischer 5, 1410. 6/2, 3120; Pfälz. 6, 123; Schweiz. 7, 1190; Südhess. 5, 1042.

Singener *siŋəmv* WILFERDGN; *siŋəmər* FRIEDGN, BOHLGN. – m.: ‚Bewohner von → *Singen*'; über den Dialekt von → *Singen 1: dī aldə siŋəmər dəs i̯š kaum ęn ųndəršīd tsu̯i̯šə denə un tsu̯i̯šən uns* 1976 BOHLGN; zum Übernamen der Bewohner von → *Singen 2: siŋəmv si̯n bę̄rədraiu̯ə* (Bärentreiber) 1973 WILFERDGN.

Singens *siŋəs* mancherorts ob. Markgräflerland. – n.: ‚Gesang, → *Singerei*' GLATTES 44; *an der ihrem Singes bin ich aufgewacht* ALBRECHT HS. – Els. 2, 365; Pfälz. 6, 124; Schweiz. 7, 1205; Südhess. 5, 1044.

Singer m.: FlN, nach dem Besitzer mit FN *Singer* benanntes Rebgelände; mu. *im singər* GOTTMADGN; 1801 *Reeben am Singer* HEGAU-FLURN. 4, 48.

Singerei f.: ‚anhaltender Gesang' REUTE (EMM.). – Vgl. *Gesang, Singsang, Singens.* – DWb. 10/1, 1091; Els. 2, 365; Fischer 5, 1412; Pfälz. 6, 125; Südhess. 5, 1044.

singerig *siŋərix̢* HEIDELBG. – Adj.: ‚zum Singen aufgelegt, sangesfreudig'; *Des Jaköbeles Buben und Meidle waren lustige, „singerige" Leutchen* HANSJAK. ERZB. 222; oft mit Verneinung: *miv iš gār net siŋərix̢* HEIDELBG; es ist mir nicht *singerig zu Mut* August Ganther, Der Vetter aus Siebenbürgen, Freiburg 1924, S. 79; *em Hirt ischs just nit singerig gsi* ‚der Hirte verspürte keine Lust zu singen' A. SCHREIBER 68. – DWb. 10/1, 1091; Els. 2, 366; Fischer 5, 1412; Pfälz. 6, 125; Schweiz. 7, 1206.

Singerin *siŋəri̯* REUTE (EMM.), LIGGERSD.; Pl.: *siŋvrnv* REUTE (EMM.); *siŋrnə* LIGGERSD. – f.: ‚weibl. Person, die (berufsmäßig) singt' E. DREHER 79. – Mhd. *singerinne.* – Vgl. *Sängerin.* – DWb. 10/1, 1092; Fischer 5, 1413; Schweiz. 7, 1206.

Singers-egert f.?: FlN GOTTMADGN, zum → *Singersgut* gehörendes Land; 1825 *ob des Singers Egerten* HEGAU-FLURN. 4, 48. – Zum Grundwort s. → *Egerte 1.*

Singers-gut n.: FlN, nach dem Inhaber benannte Lehengüter MÜHLHSN (SING.)/W. SCHREIBER ZW. 530; 1561 *von des Singers güetlin* GOTTMADGN/HEGAU-FLURN. 4, 48; ca. 1670 *des Singer guet* eb.

Singers-hof m.: FlN FRIEDGN, nach dem Inhaber benannter Erblehenhof; 16 Jh. *in Geörg Singers Hof* W. SCHREIBER ZW. 455.

Singers-wiesle n.: FlN ÖHNGN, nach dem Inhaber benanntes Wiesenstück; 1556 *Singers wisli* HEGAU-FLURN. 5, 68; 1565 *Zinggers wislin* eb.

Sing-kübele ‚Gefäß' → *Sinnkübele.*

Singler FN: verbr. Ortenau, FURTWANGEN, FREIB./GÖTZE WA. 115, NIED SÜDW. 37. – Herkunftsname nach dem abgegangenen Dorf → *Singeln.*

Singler-kopf m.: FlN; *Bei herrlichstem Wetter durchzogen wir das Prägthal, vorüber am Singlerkopf und der einsamen Machtöh'* REICH WANDERBL. 54. – E. Ochs vermutet „selbstherrliches Zurechtmachen" aus → *Sengalenkopf.*

Sing-magd *siŋmād* HETTGN. – f.: dass. wie → *Singmaid.*

Sing-maid „*singmaaid*" ÖSTRGN; Pl. wie Sg. – f.: ‚Sängerin des Kirchenchors' (meist im Pl. verwendet) DISCHINGER 177. – DWb. 10/1, 1093 (*Singmädchen*); Fischer 6/2, 3120 (*Singermädle*); Pfälz. 6, 125 (*-mädchen*); Schweiz. 4, 81 (*-meitli*).

Sing-messe *siŋmɐ̨s* MÜNCHW. – f.: ‚Gottesdienst mit Gesang' SCHWENDEMANN ORT. 1, 49. – DWb. 10/1, 1093; Südhess. 5, 1045.

Singrün *siŋgri̯ən* ETTHM. – n.: **1)** PflN; ‚→ *Immergrün*, Vinca minor' AUGGEN. – **2)** FN: ETTHM, NIED FREIB. 77, TUNSEL. – Mhd. *singrüene* ‚Immergrün'. – Zum ersten Teil des Wortes vgl. DWb. 10/1, 1178. – Vgl. *Sinwell.* – Fischer 5, 1414; H. Marzell Wb. 4, 1142; Pfälz. 6, 125; Südhess. 5, 1047.

Sing-sang m.: ‚monotoner, wenig ansprechender Gesang'; *dää Singsång geed-mä uff dä Gaaischd* DISCHINGER 177. – DWb. 10/1, 1094; Pfälz. 6, 125; Schweiz. 7, 1175; Südhess. 5, 1045.

Sing-stunde *siŋšdund* ÖTIGHM; *siŋšdunt* so und ähnlich NUSSLOCH, REUTE (EMM.), O.WIHL. – f.: ‚Übungstreffen von (kirchlichen) Gesangsgruppen oder -vereinen'; *dī gēn nv hald samsdags ōwəs i̯n īv siŋšdunt* 1955 NUSSLOCH. – DWb. 10/1, 1095; Fischer 5, 1414; Pfälz. 6, 125; Südhess. 5, 1045.

Sing-vogel *siŋfoɐ̯l* OFTERSHM; *siŋfou̯l* O.SCHEFFL.; Pl.: *siŋfęɐ̯l* eb.; Dim.: *siŋfęɐ̯lə* eb. – m.: ‚Vogel, der melodisch zwitschert' ROEDDER VSPR. 527b, LIÉBRAY 276. – DWb. 10/1, 1095.

Sini-halde f.: FlN HILZGN; 1560 *vf Sinihalden* E. SCHNEIDER HILZ. 175. – Laut eb. viell. zu mhd. *sinwël* ‚rundlich'.

sinkelen → *sünkelen.*

Sinkelosen-buck *síŋkxələ̄səbukx* ALTENBURG. – m.: FlN, eine Höhe zwischen Altenburg und dem Rhein, früher angeblich ein Nonnenkloster. – Etym. unklar, E. Ochs vermutet beim ersten Teil Verbindung zu *Senkung* und → *I Los* (‚Anteil') oder *los* (‚entbehrend'), andere sehen darin eine Variante von → *Ginkelore*. Zum Grundwort s. → *I Buck*. – Vgl. *Zinkelohrenbuck*.

sinken *siŋgə, -i̯-* verbr. in ganz Baden; *sīŋgə* ZAISENHSN; *seŋgə* AUENHM, JECHTGN; *siŋgə* REUTE (EMM.); Part. Perf.: *gsuŋgə* LADENBURG, O.SCHEFFL., RAPP., KENZGN; *gsöŋgə* AUENHM; *gsōŋgə* MÖHRGN; *ksuŋkxə* SINGEN A. H.; *ksuŋgə* OWGN. – st.: **1)** ‚abwärtsgleiten, sich nach unten bewegen, untergehen (z. B. im Wasser)' LENZ WB. 65b, ROEDDER VSPR. 528a, LIÉBRAY 276, MEIS. WB. 154a, MENG 305, SCHWENDEMANN ORT. 2, 17, BRUNNER 159, KIRNER 159, W. SCHREIBER 31, O.WEIER (RAST.)/ZFDMU. 1916, 284, KENZGN/ZFHDMU. 1, 363; *du siŋšd* HEDDESHM; *das šīf iš īmər mēr ksuŋgə* OWGN; *un wo's Zwölfi schlacht, / se sinkt er* (der Samstag) *aben in d' Mitternacht* HEBEL 24, 7; *un endli sinkt 's ganz Dörfli in sy Grab* eb. 28, 37; *Jetz sinkt er* (der Abendstern) *freudig niderwärts* eb. 37, 59; als Part. Präs. nur in der Wendung *bis ind siŋgəd naxd* ‚bis zur einbrechenden Nacht' ZAISENHSN/ZFDMU. 1907, 278, ähnlich ACHERN, BÜHL (RAST.), OTTERSW./eb. 1913, 362; RAPP./ZFHDMU. 2, 363; *bai seŋgədər naxt* O. SEXAUER 140; *haid missä ma bis in dii singgäd Nachd nei schaffä* FREI SCHBR. 149; Ra.: *in de Äärdsgrundsboddə sing'gè* ‚sich vor Scham verstecken' RITTLER 183. – **2)** übertr. **a)** ‚an Wert verlieren, geringer werden'; *wan s wedv ginšdix wird siŋd də brais* ‚wenn das Wetter günstig wird, fällt der Preis (für die angebauten Gurken)' RUSSHM; *wō dī obsdbraisə gsuŋgə sin ... hod ā šlägadiš dī näxfrög nax bēm* (Bäumen) *nōxgəlǫsd* LADENBURG. – **b)** ‚an Ruf, Ansehen, Vermögen verlieren, (moralisch) heruntergekommen' SCHWENDEMANN ORT. 2, 17. – Ahd. *sincan*, mhd. *sinken* ‚sich senken, versinken'. – Weiteres → *lind 1, schäffelen, Scham 2, II Schick 2a;* vgl. *abe-, be-, ein-, ver-, untersinken;* vgl. *senken*. – DWb. 10/1, 1097; Els. 2, 367; Fischer 5, 1414. 6/2, 3120; Pfälz. 6, 125; Schweiz. 7, 1213; Südhess. 5, 1045.

Sinken-halde f.: FlN BIETGN (KONST.); 1510 *holtz an Sinckenhalden* E. SCHNEIDER BIET. 208.

Sink-holz n.: **1)** ‚Holz, das im Wasser versinkt', Flößerspr.; *Auch hängt die Menge des Sinkholzes wesentlich davon ab, ob das geflößt werdende Holz im Walde gehörig ausgeleitet, oder ob noch wäßrichte Theile in demselben sich befinden, ob die Flößerei rasch betrieben werden kann, und das Floßwasser in erforderlicher Menge vorhanden ist* JÄGERSCHM. HOLZTRANSP. 2, 302. – **2)** ‚im Wasser versunkenes Holz', Fischerspr.; *Selbstverständlich müssen zum Stanggarnziehen die Flügel oder sonstigen Plätze frei von Sinkholz und großen, hervorstehenden Steinen sein, an denen das Netz hängen bleiben könnte* BLMARKGR. 1919, 48. – Vgl. *Senker*. – Fischer 5, 1414.

sinkig *siŋgig* STAHRGN. – Adj.: ‚sinkend' STAEDELE 49. – DWb. 10/1, 1102; Fischer 5, 1414.

I **Sinn** *sin* vereinzelt N-Baden, Ufgau, nördl. Schwarzwald und ob. Rench- und Wolfachtal, westl. Baar, Klettgau, Hegau, Bodanrück, Linzgau; *siṇ* OFTERSHM, verbr. Mittel-, westliches Süd- und Südostbaden, vereinzelt Hotzenwald; *sin* VÖHRENB., PFAFFENWLR (VILL.), BUCHENB., GUTMADGN, GUTENSTEIN, MEERSBURG, MARKELFGN; *siñ* SUNTHSN, HONSTET.; *sī* vereinzelt Baar, verbr. südl. Schwarzwald, Klettgau, westl. Hegau; *sī* JOST., TODTNAUBG, SCHÖNENBG, PRÄG, MAMB., verbr. Hotzenwald, FÜTZEN; *sī* AULFGN; *siñ* TENGEN; *sēn* SCHWENGN, HAUSEN I. T. – m.: **1) a)** ‚Fähigkeit der Wahrnehmung und Empfindung durch die Sinnesorgane' O.WEIER (RAST.)/ZFDMU. 1916, 284; *Uf der grüene Schanz, / in der Sunne Glanz, / wo n i Sinn un Auge ha, / lacht's mi nit so lieblich a* HEBEL 46, 31; Ra.: *saī finəf sin dsamənemə* ‚sich konzentrieren, aufpassen' MEIS. WB. 154a, ähnl.: *nem də finf sin dsamə* ROEDDER VSPR. 528a. – **b)** ‚Bewusstsein, Verstand' O.WEIER (RAST.)/ZFDMU. 1916, 284; *bai sinə saī* MEIS. WB. 154a; *dər iš nēt rext bai sin* ROEDDER VSPR. 528a; *Wie der Lumpaci noch seim Brand / Halb widder war bei Sinne* NADLER 96. – **2) a)** ‚Erinnerung, Vorgang des Denkens, Absicht' WIBEL RA. 13, LENZ WB. 65b, ROEDDER VSPR. 528a, LIÉBRAY 275, MEIS. WB. 154a, HEBERLING 7, SCHWER 32, KLAUSMANN BR. 25, SIEFERT 88, BECK 125, JOOS 270, O.WEIER (RAST.)/ZFDMU. 1916, 284; *deren mögte woll im Sin kommen andere zu tödten* ELIS. CHARLOTTE/LEFEVRE 174; *des khumt mər it in sin* ‚fällt mir nicht ein' 1981 BONND. (ÜBERLGN), ähnlich in ganz Baden; *das chunnt mer jez nitt z Sinn* DORN 38; *kunnt mr min Noochber selig in Sinn* EPPLE DOO 7; *do kunnt 'm z'mol selli G'schicht in Sinn* GANTHER STECHP. 101; *Und wenn mirs jemals in die Sinne käm* NADLER 60; *im sinn hawe* ‚beabsichtigen' HEIDELBG; *des hawi nēt im sin* ‚das beabsichtige ich nicht' ROEDDER VSPR. 528a, ähnlich MEIS. WB. 154a; *wa hǫt iets ao deər wīdər em sen* 1980 HEINSTET.; *deər hot nōəts rexts īm sēn* ‚er hat nichts Gutes vor' 1980 HAUSEN I. T., ähnlich 1980 GUTENSTEIN; *wie selle gsi isch, wo n i im Sinn ha* HEBEL 6, 20; Ra.: *aus em Sinn hersagen* ‚auswendig vortragen' WIBEL RA. 13; Sprichw.: *aus də āugə, aus m sin* MEIS. WB. 154a, ähnlich ROEDDER VSPR. 528a. – **b)** ‚Gesinnung, Gemüt, Stimmung, Denkart' O.WEIER (RAST.)/ZFDMU. 1916, 284; *e frumme Sinn, e frohe Muet* HEBEL 52, 11; *mit stillem Sinn in Pflicht un Recht* eb. 32, 36; *Ne frohe Sinn, e lustig Bluet* eb. 47, 37; *Un schenk im Töchterli der Muetter Gmüet, / im junge Heerli 's Vaters Sinn un Gaist!* eb. 63, 26; *wil's e G'siechtli g'ha het as wia e Engel, un was no vill, vill meh wert isch, e G'müet, wo d'rzue baßt het e brave, hüslige Sinn, was m'r bikanntlig nit alli Dag trifft* GANTHER STECHP. 134; *Meintwege mache se 's noch ihrem Sinn / Un nemme for den Esel jetz en Gaul* NADLER 67; Sprichw.: *Vill Köpf, vill Sinn* ‚bei vielen Personen gibt es verschiedene Meinungen' SCHMIDER KK 2, 40. – **3)** ‚Bedeutung, geistiger Gehalt, Schlüssigkeit' BECKSTEIN; 1980 REUTE (EMM.); *des iš də sin fun dərə saxe* 1973 OWGN; *Der Witz hot eegentlich keen Sinn* NADLER 100; *Un sag: geww Acht, der Traam der hot seiñ Sinn!* eb. 78; *Dhut mar do de rechde Sinn neiñlege, / Is des Bildniß noch emol so schöñ!* eb. 56. – **4)** ‚Nutzen, Zweck, Wert' FURTWANGEN; *khāt siṇ* 1981 ESCHB. (FREIB.); *khǫən sin* 1982 AHSN; *s hęt ią kxaiṇ sīn* 1979 KRENKGN; *sel hęt khǫən sin* 1984 KAPPEL (VILL.). – Ahd. u. mhd. *sin*. – Weiteres → *Abzielen, Amt 1, dergötzen, Ding 2, erkennen 2b, ernst, faul 2c, vertrinken 1, freudig, Fuß 1a, Maßkrug, Rebenblut, I rein 1c, Sippschaft 1;* vgl. *Bieder-, Blöd-, Tast-, Eige(n)-, Frei-, Leicht-, Stumpf-, Unsinn; Gesinnung;* vgl. *Einstellung 3, Vernunft, Gefühl, Geist 1a. c.* – DWb. 10/1, 1103; Els. 2, 361; Fischer 5, 1414. 6/2, 3121; Pfälz. 6, 126; Schweiz. 7, 1045; SDS II, 156; SSA II/19.08; Südhess. 5, 1045.

II **Sinn** f.: † **1)** ‚Eichzeichen'; 1573 *Sie sollen auch ungever alle monat umbgon, mit den würthen und weinschencken das wein umbgelt ordenlich und vleißig abrechnen und den umbgelteren einzuoschreiben angeben; die sinn auch recht anschneiden* VILL. STADTR. 148. – **2)** FN MÜLLHM. – Zu mhd. *sinne* (f.) ‚das Eichen, Visieren' (s. a. → *II sinnen*). – Vgl. *Eich*. – DWb. 10/1, 1152. 1156; Fischer 5, 1415 (*Sinne*); Schweiz. 7, 1077.

Sinn-anstalt → *Eichamt*.

Sinn-becher m.: ‚Eichmaß' 1915 WALDSH. – Zu → *II sinnen*.

Sinn-brunnen m.: ‚Brunnen, an dem Küfer ihre Gefäße eichten (→ *II sinnen*)' W. FISCHER 199; *zwischen dem Kirchhofe und dem Sinnbrunnen* EBRGN (FREIB.)/ARX-BOOZ 99; *der Straße zu stand der alte Sinnbrunnen* MÜLLHM/BADENER LAND 1922, 82. – Vgl. *Eichbrunnen*. – Els. 2, 192.

I **sinnen** nur in → *an-, be-, hintersinnen*, vgl. *gesonnen*.

II **sinnen** *sinə* BÖTZGN, Markgräflerland. – schw.: ‚eichen, Inhalt von Gefäßen feststellen und bezeichnen', existiert nicht mehr im aktiven Wortschatz KRÜCKELS 177, GLATTES 38, BECK 121; 1573 *all fronvasten die legaln zuo sinnen erforderen und sinnen, dormit sie gerecht seiendt* VILL. STADTR. 139; *in der Ortenau nannte man 1559 das Aichen der Gefäße synnen oder fechten* ZGO 12, 30; scherzhafte Ra., auf Trinker angewandt: *gsinnet isch er gsi uf sibe Mooß un e Schöppli* HEBEL 16, 50; *er isch uff 40 Schoppe gesinnt* ‚er kann soviel vertragen' ALBRECHT HS. – Mhd. *sinnen* ‚eichen, visieren', entl. aus lat. *signare*, viell. über franz. *signer*. – Vgl. *II eichen, pfächten*. – DWb. 10/1, 1167; Els. 2, 362; Fischer 5, 1416; Schweiz. 7, 1080; SDS VIII, 206.

Sinner m.: † 1) ‚→ *Eichmeister*'. – 2) FN NIED FREIB. 78a. – Mhd. *sinner* ‚Visierer'. – Vgl. *Lägelensinner*. – DWb. 10/1, 1174; Els. 2, 362; Fischer 5, 1416; Schweiz. 7, 1082.

Sinnese Schallwort, s. → *Sommerblatt*.

Sinn-häusle *sinhüslį* TANNENK., WOLLB. – n.: dass. wie → *Sinni*; „gab es bis vor einigen Jahren" 1965 KRÜCKELS 177.

Sinni *sini* SCHOPFHM. – f.: ‚Gebäude, in dem Gefäße geeicht werden, örtliche Eichstätte', bereits 1933 als veraltet bezeichnet GLATTES 33. – Vgl. *Eichhäusle*. – DWb. 10/1, 1156 (*Sinne*); Els. 2, 362 (*Sinne*); Schweiz. 7, 1077 (unter *Sinn II*).

sinnieren *sinīrə* RAPP.; *siniarə* mancherorts Kurpfalz; „*sinnewiere*" mancherorts Kraichgau, EGGENSTEIN; *sinīvn* ÖTIGHM; *sinīrn* O.WEIER (RAST.); *senēərə* ALTENHM; *siniərə*, *siniərə* ÖSTRGN, BÜHLERT., LAHR, GÜTENB., TRIBG; *sineerə* MÜNCHW.; Part.: *sinīvt* RAPP.; *gsinierd* GÜTENB. – schw.: ‚nachdenken, grübeln' BRÄUTIGAM SO 123, FREI SCHBR. 149, LEHR KURPF.² 136, MEIS. WB. 154a, DISCHINGER 177, C. KRIEGER KRAICH. 143, HÖHN MEI PFORZE 22, R. BAUMANN 96, FOHRER 54, MARX 49, BRAUNSTEIN 58, BAYER 63, SCHWENDEMANN ORT. 2, 17, FLEIG 135, O.WEIER (RAST.)/ZFDMU. 1916, 281, ETTLGN/eb. 1918, 148, BRETTENER JB. 1956, 82; *was sinniersch dänn?* HUMBURGER 186; *un wen sį drin ligd įm bed dan sinīəd sį so fīl* 1976 RHEINSHM; subst.: *So simmer bim Kaffeedringge no hinders Sinniäre kumme* Südkurier 2.5.2001 (Esther Strube). – Aus mhd. *sinnen* ‚denken'. – Weiteres → *nutzen, Silvester*; vgl. *(a)us-, herumsinnieren*; vgl. *simulieren 1*. – DWb. 10/1, 1179; Fischer 5, 1416. 6/2, 3121; Pfälz. 6, 127; Südhess. 5, 1047.

sinnig Adj.: ‚passend, bedeutungsvoll'; *sōōg mool in sinnischä Schbruch!* FREI SCHBR. 150. – Mhd. *sinnec, sinnic* ‚bei Verstande, besonnen, sinnreich'. – Weiteres → *Geheimnis*; vgl. *blöd-, tief-, eigen-, hinter-, leicht-, ring-, stumpf-, un-, wahn-, wider-, wimpel-, zipfel-, zirbelsinnig, muttersinnigallein*. – DWb. 10/1, 1179; Fischer 5, 1416; Pfälz. 6, 127; Schweiz. 7, 1069; Südhess. 5, 1047.

Sinn-kübele *sinkīwəli, -kīwili* MÜNCHW. – n.: ‚kleines, rundes Gefäß mit Handgriff, Kellergeschirr' SCHWENDEMANN ORT. 1, 135. – Zu → *II sinnen*. – Schweiz. 3, 115.

Sinn-zeichen *sįndsaixə* SCHLIENGEN, KIRCHEN (EFRGN). – n.: ‚→ *Eichzeichen*' KRÜCKELS 178, 1965 als veraltet gemeldet.

Sinsen-bach ON: Zinken in der Gemeinde Oberkirnach ALEM. 35, 148; 1449 *in dem Sintzenbach* KRIEGER 2, 1005.

Sins-heim *sinsə, -į-* O.SCHEFFL., Kurpfalz und Kraichgau; *sindsə* RAPP. – ON: Stadt im Kraichgau ROEDDER VSPR. 528a, FREI SCHBR. 150, LIÉBRAY 276, LEHR KURPF.² 136, DISCHINGER 177, MEIS. VK. 42, HUMBURGER 143, C. KRIEGER KRAICH. 146, SCHWARZ 133, ZAISENHSN/ZFDMU. 1910, 156, ZFORTSN. 1931, 113; 1157 *Sunnesheim* KRIEGER 2, 1005; 1254 *Siniszheim* eb.; 1364 *Sunsheim* eb.; 1496 *Sünzheim* eb.; *sinzemer štiftsdorn* ‚Sinsheimer Stiftsturm' MEIN HEIMATL. 1927, 202; Volksreim: *Sinsə is e schöne Stadt, / Rohrbach is e Bettelsack. / Erbse(n), Bohne(n), Linse(n), / Steinsfurt, Rohrbach, Sinsə* HEILIG ORTSN. 121, ähnlich MEIS. WB. 91b; *S*. wird in Sinsheim u. Umg. scherzh. auch *sinsəbax* genannt; Neckname der Bewohner → *Wetzsteinspucker*. – Weiteres → *ei 2, Mond 1*. – Südhess. 5, 1047.

Sins-heimer FN → *Sinzheimer*.

Sintel *sindl* RUST. – n.: FlN, Gewannteil SATTLER.

sintemal Konj.: ‚da, weil', nur noch scherzhaft verwendet: *sinsəmool un aldiwail* PLATZ 298. – Mhd. *sintemāl* ‚seitdem'. – DWb. 10/1, 1211.

Sint-flut *sindflūd* O.SCHEFFL., RAPP., MÖRSCH; *sinflūd, -į-* HANDSCHR., OFTERSHM; *sįndflūəd* KAPPELWI., MÜNCHW.; *-flūvd* REUTE (EMM.); *simbflūət* KONST. – f.: ‚große Überschwemmung', als Sündflut gedeutet ROEDDER VSPR. 543, LENZ WB. 65b, LIÉBRAY 275, MEIS. WB. 154b, BURKART 246, SCHWENDEMANN ORT. 3, 102, JOOS 103, OTTERSD./ZFDMU. 1914, 344; *sälmol wo no dr Sündflūat s groß Waser abglofe isch* O. FWGLER 23. – Mhd. *sin(t)vluot*. – DWb. 10/4, 1168 (*Sündfluet*); Els. 1, 175 (*Sinfluet*); Fischer 5, 1960 (*Sündflut*); Pfälz. 6, 127; Südhess. 5, 1047.

Sinttun f.: FlN WENDLGN; 1327 *zer sinttun* FREIB./BAD. FLURN. I, 3, 233.

Sint-wiese f.: FlN ETTLGN, an einem Weg gelegene Wiese; 1461 *Sintwiese* E. SCHNEIDER ETTL. 2, 183. – Zu mhd. *sint* ‚Weg, Gang'.

Sin-wag *sinwǭg* HILZGN, GOTTMADGN; *sinwaug* EBRGN (ENGEN). – m.: FlN; 1275 *den sunneweg* E. SCHNEIDER HILZ. 175; 1448 *das holtz von Synnwag her* HEGAU-FLURN. 4, 48; 1721 *sinwag ackher* eb. 69; dazu auch *Sinwaggäßlein* eb. und *Sinwagwasen* E. SCHNEIDER HILZ. 175. – Urspr. Bed. ‚beständig fließendes Wasser', zu ahd. *sin* ‚beständig' und mhd. *wāc* ‚bewegtes Wasser'. – Vgl. *Sinbach*.

Sinwell FN: 1922 im Linzgau. – Zu mhd. *sinwël* ‚rund'. – Vgl. *Singrün*. – DWb. 10/1, 1223; Fischer 5, 1418 (jeweils *Sinwelle*).

† **sinwellig** Adj.: ‚unsicher, schwankend'; 1602 *zue dem sein welligen weg rechtens anloß geben werden möchte* NEUENB. STADTR. 102. – Mhd. *sinwëllec*. – DWb. 10/1, 1223.

Sinwel-wiese f.: FlN MÜHLHSN (SING.); 1505 *synwel wyß* W. SCHREIBER ZW. 531. – Zu mhd. *sinwël* ‚rund'.

Sinzel ‚Sims' → *Simsel*.

Sinz-heim *sindsə* SANDW.; *sinsə* HÜGELSHM. – ON: Gemeinde bei BADEN-B.; 884 *Sunnisheim* KRIEGER 2, 1011; 1288 *Sunnenshain* FR. WILHELM URK. 2, 369; *d Sinzhäimer Städt* SINZHM; *uv sinsə niwər* HÜGELSHM; Neckname der Bewohner s. → *Eber 1b*.

Sinz-heimer FN: bei Juden vor und nach 1809 gebr. DREIFUSS FN JUD. 94.

Siovorm-pulver n.: ‚Xeroformium', zur Wunddesinfektion SCHOPFHM/ARCH. PHARM. 1922, 170.

Siphon → *Sifon*.

Sippe *sibe* WILFERDGN; *sip* MÖHRGN; *sibe* LEIPFERDGN;

sibə JESTET. – f.: ‚Familie, Verwandtschaft' KIRNER 459, R. E. KELLER JEST. 67; 1416 *einer der Zins oder teile daruff hat, oder einer von sippe wegen* WIMPFEN/OSTR. I, 2, 82; *und die sipp solen sin biß an daz vierde gelied* eb. 95; 1520 *das übrig gefelt an die wyter sipp* FREIB. STADTR. 81 b; *dī sibe iš no dō* ‚die (Groß-)Familie ist noch hier ansässig' 1973 WILFERDGN; in der älteren Mu. selten, dafür → *Geschlecht 1*. – Ahd. *sippa*, mhd. *sippe* ‚Blutsverwandschaft'. – DWb. 10/1, 1223; Fischer 5, 1418; Schweiz. 7, 1223 (*Sipp*); Südhess. 5, 1047.

Sippen-buch *sįbəbūəx* 1978 HALTGN. – n.: ‚(Orts-)Familienbuch'.

Sippen-esch f.: FlN auf der Gemarkung Moos (Bühl) KRIEGER 2, 1013; 15. Jh. *Syppenesch(ach)* ALEM. 35, 148. – Zum Grundwort vgl. *Esch*.

† **Sipp-erbe** m.: ‚Verwandter, der erbberechtigt ist'; 1520 *den sipperben gnůgsam versicherung zethůn* FREIB. STADTR. 72a; *die sipperben mit gnůgsamen gloublichem schyn* eb. 85a. – Mhd. *siperbe*. – DRechtswb. 13, 629.

† **Sipp-erbfall** m.: ‚aufgrund von Verwandtschaft anfallende Erbschaft'; 1520 *alsdann sol in den andern vnd wytern sipperbfallen / ... / all weg nach nehi deß blůts vnd deß grads oder staffels geerbt werden* FREIB. STADTR. 77b. – DRechtswb. 13, 629.

† **Sipp-freund** m.: ‚Geschlechts-, Blutsverwandter'; 1520 *Vetter / Basen / Můmen / Ohem vn(d) ander sipfründ* FREIB. STADTR. 18a; *deßglichen den kinden vnd sipfründen* eb. 61b; 1592 *der vierdttail von solchem guot soll seiner abgestorbnen ehefrauwen nechsten sipfründen biß in das viert glůd einschlůesslich ... zugehören* VILL. STADTR. 181. – Mhd. *sippevriunt*. – Vgl. *Blutsfreund, Sippmage*. – DRechtswb. 13, 630; DWb. 10/1, 1227; Schweiz. 1, 1305 (*Sippfründ*).

Sipplingen ON: Gemeinde am Bodensee, nahe ÜBERLGN A. B.; 1242 *Sipplingin* KRIEGER 2, 1013; 1325 *Sippelingen* eb.; 1407 *Sypplingen* eb.; *gi siplįŋə ębį* ‚nach Sipplingen' 1981 BONND. (ÜBERLGN).

Sipplinger m.: 1) Einwohner von Sipplingen; Übername der Sipplinger: *di gropfətə siplįŋər* 1981 BONND. (ÜBERLGN), vgl. *kropfig 1*. – 2) übertr. ‚saurer Wein' Bodensee. – Weiteres → *I Säure 1a*.

† **Sipp-mage** m.: ‚Blutsverwandter'; 1429 *daz ... min elich man selig oder ich uf die zite ... deheinen sippmâge hettent* NEUENB. STADTR. 164. – Grundwort zu mhd. *mâc, mâge* ‚(Bluts-)Verwandter'. – Vgl. *Sippfreund*. – DRechtswb. 13, 631.

Sipp-schaft *sibšaft, -į̄-* verbr. NBaden; *sibšaft, -į̄-* KAPPELWI.; *sįpšaft* STOCKACH; *sibbšaft* LIGGERSD. – f.: 1) ‚Verwandtschaft, Sippe', in jüngerer Zeit meist spöttisch, abfällig gebraucht PLATZ 298, LIÉBRAY 275, MÖRSCH, E. DREHER 68; 1520 *vn(d) was von den ma(n)nen gesagt ist / hat ouch statt in wyblicher sipschafft* FREIB. STADTR. 77a; 1555 *Ob auch einer sonst ainicher handlung von mag oder sippschaft wegen verwandt oder zůgethon were* ÜBERL. STADTR. 405; 1659 *keinem richter sibschaft halben nicht dann im dritten glied abtreten oder vom gericht aufstehn laßen* BAIERT./BAD. WEIST. 1, 224; *di gonds sibšaft* ‚unbeliebte Verwandtschaft' MANNHM, ähnlich REUTE (EMM.); aber (betonend, dass es nicht abfällig gemeint ist): *ə sibšaft įm gůdə sįn* 1955 AU A. RH. – 2) ‚verächtliche Gesellschaft, Bande, Gesindel' MANNHM, LENZ WB. 66a, REICHERT 12, 1918 ROHRB. (EPP.), BURKART 11. 141, REUTE (EMM.); *ə nęttə sįpšafd* ‚eine böse Brüderschaft' FUCHS 1972, 77e; *ə šeinī sibšaft* ROEDDER VSPR. 528a, ähnlich MEIS. WB. 154b; *di gands sibšaft iš nęgs węd* (nichts wert) ‚die ganze Gesellschaft taugt nichts' LAUINGER 13. – Mhd. *sippeschaft* ‚(Bluts-)Verwandtschaft'. – Zu Bed. 2 vgl. *Gesellschaft 2, Lumpenkor 1*. – DWb. 10/1, 1228; Els. 2, 368; Fischer 5, 1419; Pfälz. 6, 128; Schweiz. 7, 1223; Südhess. 5, 1047.

† **Sipp-verwandte** m.: dass. wie → *Sippmage*; 1520 *so sind die selben glichgemachten kind vor mengklichem allein erbfächig / vnd werden all ander sippverwandten / ... / durch sy vsgeschlossen vnd abgetriben* FREIB. STADTR. 63b. – DRechtswb. 13, 634.

Sirene *sirę̄nə* REUTE (EMM.); *sįrę̄nə* SUNTHSN. – f.: ‚Gerät, das laut heulende (Alarm-)Töne erzeugt'; nach der Alarmierung der Feuerwehr geht *d sįrę̄nə rųndr* 1976 SUNTHSN. – Laut KLUGE 674 im 19. Jh. entl. aus franz. *sirène*. – Vgl. *II Hüppe 2a*. – DWb. 10/1, 1231; Pfälz. 6, 128; Südhess. 5, 1048.

sirig *siariš* OFTERSHM, SCHWETZGN; *sīrįχ* Kraichgau; *sīrig* MÖHRGN. – Adj.: ‚gierig (nach Essen), habgierig, geizig' C. KRIEGER KRAICH. 145, GÖTZ 59; *di nämmd jeden Drägg, sou siarisch isch di* FREI SCHBR. 149; *fun deärä griggsch niggs, di isch dsu siarisch* eb. 149. – Vgl. *gehäb 2, habig, knicksig, rachgierig*. – Schweiz. 7, 1270.

Sirmel ‚einfältiger Mensch' → *Sürmel*.

Sir-nabel *sianawl* OFTERSHM. – m.: ‚geiziger, habgieriger Mensch' FREI SCHBR. 149. – Vgl. *Geiz-, Hungernabel*.

Sirnitz *sįərnds* HÜGELHM; *sį̄rnds* SCHWEIGHOF; *sīrnds* NEUENWEG. – f.: FlN, Hofname und Passhöhe bei MÜLLHM; 1514 *von der Sirnitz* KRIEGER 2, 1015; *uf d sįərnds* ‚auf die Sirnitz' 1977 HÜGELHM; dazu die FlN *Sirnitzgrund, -kopf* und *Sirnitzer Graben* GREULE 216, MARKGR. 1972, 204. – Geht nach GREULE 216 wahrsch. auf einen vorgerm. Namen für den heutigen → *Klemmbach* zurück.

Sirup *sirųb* OFTERSHM; *sīrųp* AUENHM; *sīrüp* ALTENHM; *sirūb* REUTE (EMM.). – m.: 1) ‚eingedickter Saft' ROEDDER VSPR. 528a, LIÉBRAY 276, FOHRER 89; 1555 *lattwergen, siruppen und andere vermischungen* ÜBERL. STADTR. 444; 1557 *kain sirop oder recept* eb. 487; *andisbomadischer Sirup* ‚Sir. antispasmodicus, Heiltrank gegen Muskelkrämpfe' ARCH. PHARM. 1922, 165. – 2) ‚Zuckerrübensirup', bes. während des Krieges hergestellt MENG 158. – Mhd. *sirop* ‚süßer Saft', aus lat. *siropus*. – Weiteres → *Lüger*. – DWb. 10/1, 1236; Els. 2, 371 (*Sirop*); Fischer 5, 1419; Pfälz. 6, 128; Schweiz. 7, 1270; Südhess. 5, 1048.

Sischee n.: ‚dichterisches Motiv'; *Ja ja, so ischs von jeher g'weßd / Mit denne Herre Dichter, / E' Jeder hat e Lumpedier / Als Sischee for d' Gedichder!* HÖHN MEI PFORZE 58. – Zu franz. *sujet* ‚Thema'.

siso ‚Schallwort' → *mino*.

Sistiblin-tabletten Pl.: volkstüml. Bez. für ‚Stypticin (Cotarninum hydrochloricum) in Tablettenform' ARCH. PHARM. 1922, 171.

Sitte *sįdə* REICHOLZHM, OFTERSHM, MÖNCHZ., ÖTIGHM, GAUSB., SCHUTTERWALD, ZELL-WEIERB.; *sidv* REUTE (EMM.); *sita* LIEL, IB. (SÄCK.). – f.: ‚Gewohnheit, Brauch' LIÉBRAY 275, REICHERT 14; *ə tirōlv sįdə* ‚ein Brauch aus Tirol' 1955 GAUSB.; *nųx aldv sįdə* 1973 ÖTIGHM; *des wār wōl sō sįdə* 1972 REICHOLZHM, ähnl. 1977 LIEL, 1971 IB. (SÄCK.); *so ischs halt Sitv un Brůch gsi* REUTE (EMM.), ähnl. 1955 ZELL-WEIERB.; *deß isch sou Sidde bei uns* LITTERER 309, ähnl. 1972 SCHUTTERWALD; *abber e schöni Sitte isch es aifach doch* GUGGENHEIM 22; Sprichw.: *näji Zidde n-aldi Sidde* ‚neue Zeiten, alte Sitten' STRUBE TÄIK 107; in der älteren Mu. selten, dafür eher → *Anstand, Brauch, Gebrauch, Gewohnheit, Manier, Mode, Mores*. – Ahd. *situ*, mhd. *site* ‚Sitte'. – Weiteres → *Kränzle(s)jungfer 2, Orden, schmücken*. – DWb. 10/1, 1238; Fischer 5, 1420; Pfälz. 6, 129; Schweiz. 7, 1465; Südhess. 5, 1049.

Sitteren f.: FlN Öhngn; 1556 *weingartten in der sitteren* Hegau-Flurn. 5, 68; *i də sitərə* eb.; dazu gehört auch der *Sitterenweg*.

Sittich m.: Hausname Freib.; 1565 *zum Siticus* K. Schmidt Hausn. 126; 1676 *zum Psittacus* eb.; 1707 *Sittich* eb. – Mhd. *(p)sitich, sitech* ,Papagei'. – Vgl. *Wellensittich*. – DWb. 10/1, 1258; Fischer 5, 1420; Schweiz. 7, 1470.

sittig *sīriχ* (Rhotazismus) Handsch. – Adj.: **1)** ,anständig, ruhig' Lenz 1, 42b. – **2)** ,leise (von der Stimme)' eb. – Mhd. *sitec, sitic* ,ruhig, bescheiden'. – Vgl. *unsittig*. – DWb. 10/1, 1261; Fischer 5, 1420; Pfälz. 6, 129; Schweiz. 7, 1467; Südhess. 5, 1049.

sittlich *sįdli* Neusatz. – Adv.: ,behutsam, leise'; *tra (trag) də korb sįdli!* eb. – Mhd. *siteliche* ,auf ruhige, anständige Weise, langsam, sachte'. – DWb. 10/1, 1266; Els. 2, 380; Fischer 5, 1421; Schweiz. 7, 1469; Südhess. 5, 1049.

sittsam Adj.: ,langsam, behutsam'; 1819 ... *das zerlaß alles untereinander, und thue die gepulfert Stück alle darein, aber nicht häufig, sondern sittsamm* Arzneybuch Bierbr. 17. – Ahd. *situsam*. – Vgl. *vorsichtig, gemach, sacht(e) 2*. – DWb. 10/1, 1272; Els. 2, 380; Fischer 5, 1422; Pfälz. 6, 130; Schweiz. 7, 1470; Südhess. 5, 1049.

Situation *situatsjõ* Buchenbg. – f.: ,allgemeine oder augenblickliche Lage/Umstände' 1976 St. Ilgen (Heidelb.); *wįə s jeds dį situatsjõ hoįd įšd* 1984 Buchenbg. – Entl. aus franz. *situation*, dies zu lat. *situs* ,Lage, Stellung' (vgl. Kluge 675). – Vgl. *Lage 2a*. – DWb. 10/1, 1276; Fischer 6/2, 3122 (*Situazion*); Pfälz. 6, 130; Südhess. 5, 1049.

Sitz *sīds* Werthm, Lindelb., Hettgn; *sids, -į-* Hemsb. (Weinh.), Lohrb., O.scheffl., Oftershm, Rapp., Bauerb., Mörsch, Rheinbisch., Reute (Emm.), Ebrgn (Freib.), Laufen. – m.: **1)** ,das (Beisammen-)Sitzen', bes. in Komposita wie → *Durch-, Vorsitz* sonst in der Ra. *uf aan Siids* ,auf ein Mal, in einem Sitzen' Platz 298, ähnl. 1978 Ebrgn (Freib.); *ər hot uf ēn sids dswelf ājər gfręsə* Roedder Vspr. 528a, ähnl. Meis. Wb. 154b; auch noch weiter abstrahiert: *uff ōn Sidds hau isch des ab* ,mit einem Schlag' Frei Schbr. 149. – **2)** ,Sitzplatz, Sitzgelegenheit auf bzw. in Fahrzeugen' Platz 298, Frei Schbr. 149, Liébray 275, 1976 Lohrb., Reute (Emm.), Lindelb./Mein Heimatl. 1933, 368; *dǭ (auf dem Wagen) įs ə sids drǫwə gsįn* 1975 Rheinbisch.; *Won i chlai gsi bi, hät immer öbber müesse d' Stiere füehre und ein hät uf em Sitz (der Mähmaschine, die von Stieren gezogen wurde) de Messerbalke ue und abe glo* Thoma Hütten 38. – **3)** ,Altenteil, Sitz des → *Leib(ge)dinger*' Hettgn. – **4)** ,Ort einer Niederlassung einer Firma' 1955 Laufen; *mįdəm sids įn dsaisəhausə* 1976 Bauerb.; *dę ho gsāt dį winsəgənǫsešaft dī hęst bęrgstrōs ųn də sits įs įn hemśbax* Bauer Hemsb. 36f.; vgl. *Platz 5*. – Mhd. *siz, sitz*. – Weiteres → *schwarzwäld(er)isch, Spritz,* vgl. *Be-, Durch-, Ein-, Vor-, Hopf-und-, Sozius-, Über-, Warm-, Witwensitz*. – DWb. 10/1, 1276; Els. 2, 384; Fischer 5, 1422; Pfälz. 6, 130; Schweiz. 7, 1722; Südhess. 5, 1049.

Sitz-bank *sįdsbǫŋg* Griesb. (Freudenst.). – f., m.: ,Sitzmöbel für mehrere Personen'; *uff d' Sitzbǫ̃nk hogge* Sandw./Pflüger hs. 188; *ųn dįə dswī sįn am sęblįg (Seeblick) ōwə ghogd uf sō mə sįdsbǫŋg* 1979 Griesb. (Freudenst.); speziell ,Schulbank': *Wēn ain ufgriaft wore isch, se hätem en anderë d Fūscht uf de Sitzbank na ghebt das er ferschroke un in d Höi gschnellt isch wäner hät wele nidersize* O. Fwglr 70; zum Genus des Grundworts vgl. → *I Bank*.

Sitz-bleiche f.: FlN Handsch.; *sitzblaich* Bad. Flurn. III, 4, 65. – Zum Grundwort s. → *II Bleiche 2*.

Sitz-bord *sidsbōad* mancherorts Kurpfalz, Hochstet. (Link.). – n.: dass. wie → *Sitzbrett* Frei Schbr. 149, Wagner 184. – Südhess. 5, 1050.

Sitz-brett *sidsbręd* mancherorts Kurpfalz; *sedsbrad* Altenhm; Dim.: *sidsbrądli* Münchw. – n.: ,als → *Sitz 2* genutztes Holzbrett', am Bauernwagen Frei Schbr. 149, Fohrer 172, Schwendemann Ort. 1, 108; am Schlitten: *s Sizbrätli uf zwo Fędəre, das es aim de Hintere it so ferbopęrët hät* O. Fwglr 48. – DWb. 10/1, 1280; Fischer 6/2, 3122; Pfälz. 6, 130; Schweiz. 5, 907; Südhess. 5, 1050.

Sitzbuch-weg m.: FlN Ziegelhsn, Waldweg zur Sitzbuche, scherzh. *spitzbuweweg* gen. Bad. Flurn. III, 6, 61.

sitzen st. mit *sein*. **A. Formen. 1)** Inf.: *sidsə, -į̄-* überwiegend im ganzen Untersuchungsgebiet; *sidsę* Oftershm, Östrgn, Mörsch; *sedsə* Auenhm, Kippenheimwlr; *sįdsv* Schenkenz.; *sitsə* Gutmadgn, Liggersd., Stockach, Radolfz., Konst. – **2)** Part.: *gsędsə, -e-* mancherorts Tauberrund, Horrenbg, Östrgn, Feudenhm; *gsadsə* Dertgn; *gsas* mancherorts östl. Tauberrund; *gsęs* Hettgn, Handsch., O.scheffl., Rapp., Ketsch, Schenkenz., Breisach, Neust., Radolfz.; *gsodsə* Weinhm, Heddeshm; *gsasə* Auenhm; *ksę̄əsə* Liggersd. – **3)** Ind. Präs. 1. - 3. Sg. und Pl., sowie Imp. verhalten sich dementsprechend, lediglich in Tauberbisch. wird bei 3. Pl. *sędsə* gemeldet; Schenkenz. um 1960 bei der mittleren Generation (30-60jährige) gelegentlich *sidsəd*. – **4)** Konj. Prät. **a)** 1. Sg.: *sįdsdįg* Gengenb.; *sę̄s* Schenkenz., Liggersd. – **b)** 2. Sg.: *sįdsdįgš* Gengenb. – **B. Gebrauch. 1) a)** ,sich in einer sitzenden Haltung befinden' Heilig Gr. 28. 56, Lenz WB. 66a, Frei Schbr. 149, Liébray 275, G. Müller 35, Burkart 219, Kilian 48, Metrich 41, Baur 109, Glattes 13, Ketterer 63, E. Dreher 96; „gehobener als → *hocken 2*" Joos 111; *(ich) safse* Elis. Charlotte/Lefevre 133; *eχ seds uf mə šdūəl* ,ich sitze auf einem Stuhl' Meng 150; *nǫ setsdər* ,dann sitzt er' Saig; *dǫ bin ix gsęsə* 1973 Neust.; *mīr sin am rundə diš gsęsə* eb.; *dǫrt sidst ər am dīš* Roedder Vspr. 528a; *Am Bergli darfsch sitze* Jung Brägel 14; *laŋ gnuŋ gsęsə* 1972 Hettgn; *si ischt ganz vòranne gsę̄ssè* Ellenbast 80; *„Drei Schtund zu sitze is keeñ Kleenigkeit!"* Nadler 72; *Wann er als Redner uf seim Schlachtroß sitzt* eb. 55; *Wie er ... / Uf der Bierbank sitzt un sauft un schändt* eb. 56; *Meiñ Fraa ... / Kann also heut zum Borträ Ihm nit sitze* eb. 161; *Aber d' Frau dehaim, mit zssemmegschlagene Hände / sitzt si uf em Bank un luegt dur Tränen an Himmel* Hebel 6, 135; *un d' Muetter sitzt un spinnt* eb. 14, 14; *Jetz sitz i do un waiß kai Trost* eb. 25, 35; *Si het kai Holz un het kai Brot; / si sitzt un chlagt's im liebe Gott* eb. 29, 73; *säli dik Pfutle (dicke Frau), wo dert uf ëm Bänkli sitzt* O. Fwglr 10; *Do sizt dr Fatr, do d Muatr* eb. 13; *wo i awer dro han defe uf de Schlite size* eb. 47; *ë Engili ... des anëme Brünili gsëse isch* eb. 15; Ra.: *Mə sott uff sim Standpunkt stau, aber mə sott nit druf sitzə* Kramer Gutmadgn 275; *Do sitzsch ez, wia d Gutter mit em Bomeel!* ,du sitzt so unbeholfen da, wie die Flasche mit Baumöl' Messk./Hegau 1981, 16; Neckvers: *Guten Tag, Herr Doktor, wanner sitzt, dann hockt er, / sitzt er nit, dann hockt er nit, dann is er a kän Dokter nit* Mannhm/Ochs-Festschr. 276; Spruch beim Fangerles, den der zu Fangende ruft, während er sich niederkauert bevor er davonläuft, wenn der Fangende sich nähert: *Do sitz i, dō kauch (→ II kauchen ,niederkauern') i / dō flick i ma schuh / un wenn dər her schuster khunt / spriŋ i dəvõ* Hettgn; Volksglaube: Wenn in einer Gesellschaft ein junges Mädchen am Tischeck sitzt, kriegt sie sieben Jahre lang keinen Mann. Bräutigam Mach 115. – **b)** ,sich aufhalten, beisammen sein'; 1560 *Montags nach dem sonntag Bürnower* *kirchweihin sitzen beede herrn burgermaister, die quartierherrn und stattschreiber und halten ... underred ...* ÜBERL. STADTR. 527; *D' Hofrädi un 's Döchderli sin grad vor em Hus am Gardedischli g'sesse* GANTHER STECHP. 10; *Du sitzscht im Tilbury* NADLER 63; *Sunndags, wann die Flocke fliege / Un der Wind im Schornschte brumm, / Sitzemer am waarme Offe* eb. 46; *Er sitzt so gern by syner Frau* HEBEL 48, 4; *Jetz sitz i z' Todtnau im Adler* eb. 36, 32; *un wo me ne Wirtshuus bitrittet, / z' Nacht um zwölfi, Vormittag un z' Oben um vieri, / sitzt der Michel dört* eb. 6, 112; *jez sotë mër e mol e weng sizë un grouwë* (→ II *geruhen*) *kinne* O. FWGLR 18; *In dem Brunne sitzt si* (die Häfnet-Jungfrau) eb. 43, 77; *Un so verwest der Liib in Luft un Wind, / Doch sitzt der Gaist no dört un hütet's Chind* eb. 14, 25; haben Brot oder Brötchen Luftblasen, sagt man: *Do sidsd de Begger drin* BRÄUTIGAM MACH 115. – c) ,in der Schule in der Reihenfolge der Leistung sitzen'; *dər kharl sidst erśdər in dər śūl* ROEDDER VSPR. 528a; *p sitst ẹvśtv* MEIS. WB. 154b. – d) ,Beichte hören'; *2 Herren sitzen* ,zwei Geistliche hören Beichte' 1930 FREIB., 1963 ENGEN. – e) ,sich setzen, Platz nehmen' FUCHS 62; *sitz auf dei stühle* SCHÖLLBRONN/UMFR.; *sits uf də bok* (Sitz des Wagens) MEIS. WB. 154b; *sitzen Sie hierher, auf die Bänke!* ALBRECHT HS.; *Dr Vatta sitzt in si Ecke, hinter e Tisch* DORN 17; *Jetz sitzet un looset!* (hört zu) HEBEL 16, 18; *no nimt Jeder si Schtual un sitzt an sin bschtimtë Blaz an Disch* O. FWGLR 11; *sie saß zu ihnen an das Herdfeuer* SCHEFFEL 2, 15; scherzhafte Aufforderung zum Platz nehmen: *Sitze goht fir stau, hot de Kaiser hinterlau* ,das Platznehmen kostet soviel wie das Stehen, hat der Kaiser (per Dekret) hinterlassen' MESSK./HEGAU 1981, 25. – 2) ,an einer bestimmten Stelle verweilen'. a) von Menschen: † α) ,sich niedergelassen haben, wohnen'; 1368 *die uswendig iren stetten gesessen sint und ir burgere sint* NEUENB. STADTR. 33; 15. Jh. *Item Katherin ein dochter gewesen Schlotteracht gesessen im ryedt* STEINMAUERN SEELBUCH/FREIB. DIÖZ. ARCH. 2001, Nr. 159; 1520 *von allen vnd yeden burgern vnd inwonern / die in vnserm bezirck vnd obrikeit sitzen* FREIB. STADTR. 60b. Vgl. hierzu *Beisäß, Truchseß, Elsaß, Hinter-, Hofsäß, Insäße.* – β) ,inhaftiert sein, im Gefängnis einsitzen' REICHERT 10, MEIS. WB. 154b, 1918 ROHRB. (EPP.), SCHWENDEMANN ORT. 3, 102; *er hog gsotze* HEIDELBG/GERMANIST. ABH. PA. 205; *der sidst so drai jör* ROEDDER VSPR. 528a; *dea muß drei Joa siddsä* FREI SCHBR. 149; Wortspiel mit *stehen* und *gestehen*: *er hat zuviel gestanden, deswegen muß er jetzt sitzen* 1963 FREIB. – b) von Tieren: *ə hū sitst* ,brütet' MEIS. WB. 154b, ähnl. ROEDDER VSPR. 528a; *was isch im Eili verborge? / Niemes waißt's un niemes luegt, un nieme cha's uftue, / 's Vögeli selber nit; doch sitzt es geduldig un wartet* HEBEL 62 I, 81; *un d' Vögel sitzen un schwiige* eb. 36, 36; *der Vogel sitzt, der Chäfer schwirt* eb. 37, 50; *Nai lueg, es sitzt e Spätzli do!* eb. 35, 20; *un Raiger* (Fischreiher) *sitze druff* eb. 28, 53; *„Lueg, Fridli, myni schöne Blüemli a! ... un do sitzt scho ne flüßig Immli* (Biene) *dra"* eb. 40, 36; *Jetz sitzt es* (das Spinnlein) *in sy Summerhuus* eb. 31, 39; Kinderreim vom Engele an der Wand: *... d' Katz fegt d' Schtube uss / d' Muus schleipft de Dreck nuss, / sitzt ä Vegili uffem Dach, / des het sich ondem kropfig glacht* SCHMIDER KK 2, 48. – 3) a) ,an einer bestimmten Stelle lagern, hingesetzt, vorhanden sein'; *dv hūt sitst šep* ,der Hut sitzt schief' MEIS. WB. 154f.; *Do sitzt uffem Kopp der Hut schräg* NADLER 195; *Ja, jetz - jetz zieche se vor mir d'Hut, / Wo vorrem Meeschter Hackschtrump vorher gut / Lang gut un fescht hot gsotze uffem Kopp* NADLER 59; *Un e rotsidene Bund* (,Turban') *mit eme große silwerige Halbmuund isch uf sine Lock g'gesse* GANTHER STECHP. 129; *das (Scheit-)Holz sitzt an der Straße, auf* *der Tenne saßen noch größere Mengen Heu und Stroh* ALBRECHT HS.; *s sizt m alles uf d Lung* ,er bekommt sofort Schmerzen in der Lunge' ZIMMERM. HS. 284; *un d' Blüemli sitzen* HEBEL 62 I, 14; *Un üüser Huus, / es sitzt jo wie ne Chilchli uf em Berg* eb. 28, 6; übertr.: *des derfsdə nüd uf der sidsə losə! ,Du musst dich wehren!'* PLATZ 298. – b) in fester Wendung: *ain sizə hā* ,einen Rausch haben' SCHWENDEMANN ORT. 1, 21, ähnl. G. MAIER 159, 1978 FELDBG; *er hedd einer sidze* R. BAUMANN 96, ähnl. TAUBERBISCH., P. WAIBEL 160, 1935 DURB., KRÜCKELS 217f., 1972 HÜFGN; *dèr hōt abèr ōn sitzè* ELLENBAST 3, ähnl. DISCHINGER 176; vgl. *Rausch.* – 4) a) ,passen (von Kleidern u. a.), die richtige Passform haben'; *dr Azug sitzt* REUTE (EMM.); *diè Hōsè sitzt* ELLENBAST 67; *des Klöèd sitzt abèr gäb* eb. 23; *do ne grüene Rock! ... Sitzt er recht?* HEBEL 1, 96; über künstliche Zähne (Gebiss): *dī mịən šụ gūd sidsə* HERDERN; Ra.: *s sịzd, basd un hed Lufd* ,das Probiere passt genau' SCHWENDEMANN ORT. 3, 102; erweitert: *Dess sidzd, bassd, wagglt unn hodd Lufd* DISCHINGER 176, ähnl. KRAMER GUTMADGN 275. – b) ,an der richtigen Stelle sein, die gewünschte Wirkung haben' *di Oorfaich hod gesedsə* PLATZ 298. – Mhd. *sitzen.* – Weiteres (in Auswahl) → *behäb 1, Pfannenstiel 1, Puhu 1, Tanz 4, derweil 3, Dreck 2d, Vater 5a, verbannen 1, fitzen 2a, Gehauder, Gehren 2b, Geselle 1a, gottvergessen, Hechtmaul, Herberge 6, Herrgott 5, Hundsstall, husch 2, Kamerad, Katzenbank, Keinnützigkeit, Kirche B1, können BII2, I Krach 2b, I Krapp 1, Kübel 1, I Lache 1a, Ladengummi, Langwiede, Lästerstühlchen, Leute 1c, Luft 3, Main, I Mäuche 2b, Maria 2a, Meister 1c, nebenhinan, nöten, Ofenstange, I Raude 2, rauhbauzig 2, Ringel 3, I Rose 1a, Schild 2e, Schinder 1a, Schnäpper 3a, Schnättere 1a, Schneider 1a, Schneidstuhl 1, I Schoppen 2a, Schulerbank, selbdritt, Staffel, Zunge;* vgl. *ab-, ane-, auf-, aus-, be-, daran-, da-, ein-, ver-, fest-, her-, herum-, hinan-, hinein-, hinüber-, umme-, zusitzen;* vgl. *hocken, setzen.* – DiWA II-5, 483. VI-17, 484; DWb. 10/1, 1280; Eichhoff 2, 125; Els. 2, 384; Fischer 5, 1422. 6/2, 3122; Pfälz. 6, 133. Kt. 351; Schweiz. 7, 1734; Südhess. 5, 1050.

sitzen-bleiben *sidsəblaiwə* RAPP.; *sịdsəblīwə* MÜNCHW. – st.: 1) ,in sitzender Stellung verharren'; *hinterẽm Ofe size blībe* FWGLR 7. – 2) a) ,nicht versetzt werden, ein Schuljahr wiederholen' SCHWENDEMANN ORT. 1, 55. – b) ,nachsitzen (in der Schule)' *un di ganze Hærd hät müase size blibe* O. FWGLR 70. – c) ,unverheiratet bleiben (von Mädchen)' MEIS. WB. 154f.; subst. *des iš sou ə sidsəgəblīwənī* ROEDDER VSPR. 528a. – Weiteres → *abstehen 3;* vgl. *hocken, repetieren.* – Pfälz. 6, 135; Südhess. 5, 1054 (unter *sitzen*).

Sitzen-bleiber *sidsəbleiwa* mancherorts Kurpfalz. – m.: ,Schüler, der eine Klasse wiederholen muss' FREI SCHBR. 96. – Vgl. *Hockismacher, Repetent.* – Pfälz. 6, 135; Südhess. 5, 1054.

Sitzen-kirch *sidsəxịlx* O.EGGENEN, SITZENK., MALSBURG; *sidsəxịlə* FEUERB. – ON: Dorf im Markgräflerland, heute Teilort von Kandern FEUERB./ZIMMERM. HS., KRÜCKELS 16. 20; 1130 *Sizinchilcha* KRIEGER 2, 1015; 1294 *ze Sizzenkilche* eb.; 1310 *ze Sizinkirche* eb.; 1416 *Sitzikilch* eb.; die Bewohner heißen *sịdsəxịlxər* KRÜCKELS 20. – Laut KRIEGER 2, 1018 ,Kirche des Sizo'.

sitzen-lassen st.: ,im Stich lassen' HEIDELBG/GERMANIST. ABH. PA. 204, SCHWENDEMANN ORT. 3, 102; *djə* (Vertreter der Gemeinde) *họn mịx sịdsəlọ* AACH.; *į kan aww nəd weg įx kan d grǫsmụdv nəd sidsəlasə* RUSSHM. – Vgl. *verlassen 1b.* – Pfälz. 6, 135.

Sitzer in → *Bei-, Fleck-, Kisten-, Kozen-, Kraut-, Still-, Übersitzer.*

Sitz(er)-fangerles, -fangens n.: ,Fangspiel, bei dem

schnelles Hinkauern vor dem Gefangenwerden schützt'; *Sitzafôngales* JÖHLGN/SCHWARZ 138; *Sitzfangis* FREIB. – Vgl. *Kaucherles*.

sitzerlings *sidsvliŋs* ADELSHM. – Adv.: ,sitzend' MANGOLD 40. – Zur Wortbildung vgl. → *schößlings*. – Fischer 6/2, 3122; Schweiz. 7, 1786 (*sitzlingen*).

Sitz-fleisch *sidsflēš* WERTHM; *-flāiš* ROHRB. (EPP.); *sįdsflāš* MÖNCHZ.; *-flaiš* MÜNCHW. – n.: nur in festen Wendungen: *(ka) Sidsfleesch hawə* ,(nicht) still sitzen können' PLATZ 298, ähnlich REICHERT 10, 1918 ROHRB. (EPP.); *dr het v guvt Sitzflaisch* ,der bleibt lange sitzen, geht nicht so schnell wieder' REUTE (EMM.), SCHWENDEMANN ORT. 3, 102. – Weiteres → *Lumpenkrote*; vgl. *Sitzleder*. – DWb. 10/1, 1302; Fischer 5, 1424; Pfälz. 6, 135; Südhess. 5, 1054.

Sitz-gerechtigkeit *sidsgərẹxdiχkhait* O.SCHEFFL. – f.: ,Wohnrecht im Haus' ZEHNTER 290, ROEDDER VSPR. 145; *in dem hauß hot ə āltleliər* (,Altlediger, Junggeselle') *sə sidsgərẹxdiχkhait* eb. 528a. – Vgl. *sitzen 2α*.

Sitz-leder *sidslādr* MÜNCHW. – n.: dass. wie → *Sitzfleisch*; nur in festen Wendungen: gutes *S.* haben ,lange sitzen können' SCHWENDEMANN ORT. 3, 102; *dr het v guvt Sitzlādr* ,der geht nicht so schnell wieder' REUTE (EMM.). – DWb. 10/1, 1303; Els. 1, 559; Fischer 5, 1425; Pfälz. 6, 135; Schweiz. 3, 1073.

R **Sitzling** m.: ,Stuhl, Bank' ZIZENHSN/KLUGE R. 487.

Sitz-platz m.: 1) ,Sitzgelegenheit, meist Stuhl oder Sessel'; *dęs iš ę wārmə sįdsblads* (neben dem Holzherd) HOLZEN. – 2) ,Arbeitsplatz in einem Handwerksbetrieb, auf dem auf eigene Rechnung gearbeitet werden kann'; *Schneider sucht Sitzplatz* FREIB. ZEIT. 3.3.1927. – DWb. 10/1, 1303; Pfälz. 6, 135; Südhess. 5, 1055.

Sitz-trögle n.: ,Truhe unter dem Wagensitz'; *Als er auf einem Wägele thalab fuhr, hatte er im „Sitztrögle" sein bares Geld* HANSJAK. ERZB. 394.

Sitzung *sidsiŋ* WERTHM, O.SCHEFFL., RAPP., MÖRSCH; *sįdsīŋ* TAUBERBISCH., ZAISENHSN; *sįdsųŋ* OFTERSHM; *sidseŋ* ROHRB. (EPP.); *sedsųŋ* ALTENHM; *sidsig, -į-* REUTE (EMM.), OPFGN. – f.: 1) ,(geschäftliche) Besprechung, Zusammenkunft' PLATZ 298, HEILIG GR. 30. 33, LIÉBRAY 275, MEIS. WB. 155a, FOHRER 113, ZAISENHSN/ZFDMU. 1907, 271. 278; *iš hait sidsiŋ?* ROEDDER VSPR. 528a. – 2) scherzh. a) ,informelles Zusammensitzen'; *di sen sų widv uf dv sidseŋ* ,sie sitzen auf der Bank vor dem Haus und unterhalten sich' ROHRB. (EPP.). – b) ,längeres Verweilen auf der Toilette' OPFGN. – Mhd. *sitzunge*. – Vgl. *Gerichtssitzung*; vgl. *Tag 5a, I Treff 2, I Rat 2a*. – DWb. 10/1, 1304; Fischer 5, 1425; Pfälz. 6, 136; Schweiz. 7, 1785 (*Sitzi(n)g*); Südhess. 5, 1055.

Sitz-weg m.: FlN HERDERN, Weg vom → *Silberbrunnen* zum → *Roßkopf 5a* BAD. FLURN. I, 3, 233.

six in *meiner six* → *sechs 3*.

Sk-, sk- Gemäß BEITR. 47, 168f. erfolgte in vielen obd. Dialekten (nachdem dort germ. *sk-* zu *š* geworden war) bei Lehnwörtern Lautsubstitution *sk-* > *št-* (bzw. *šd-*) im Anlaut, z. B. in *šdandāl* ,Skandal'. Bei unseren Stichwörtern zeigen sich jedoch auch Fälle von *s*-Palatalisierung bei Erhalt des velaren Plosivs (vgl. auch FISCHER 5, 1425), wie in *šgāt* ,Skat', tw. zusätzlich mit Metathese, wie in *gšlāf* ,Sklave'.

Skabiose PflN → *Skorpiose*.

Skandal *skandāl* WERTHM; *šdvndāl* PLANKST.; *šdandāl* O.SCHEFFL.; *šdandōl* PÜLFRGN, verbr. Kurpfalz; *šdandāl* HETTGN, HIRSCHLANDEN, HEIDELBG, SCHWETZGN, NEULUSSHM, WIESLOCH; RAPP., RHEINBISCH.; *šdondal* MÖRSCH, O.WEIER (RAST.); *šdandå̄l* AUENHM; *skandāl* REUTE (EMM.). – m.: 1) ,öffentliches Ärgernis' PLATZ 299, ROEDDER VSPR. 534a, FREI SCHBR. 156, MEIS. WB. 181a, MENG 137, HEIDELBG/BAD. HEIM. 1917, 21, RAPP./ZFHDMU. 2, 123, RHEINBISCH./ZFDMU. 1913, 248; O.WEIER (RAST.)/eb. 1916, 368; *des isch doch v Skandāl* REUTE (EMM.). – 2) ,Lärm, Radau' HETTGN, ROEDDER VSPR. 534a, O.WEIER (RAST.)/ZFDMU. 1916, 368; vgl. *Randal*. – Franz. *scandale* ,Ärgernis'. – DWb. 10/1, 1306; Pfälz. 6, 136; Schweiz. 10, 9; Südhess. 5, 1055.

Skapulier n.: 1) ,Schulterkleid der Ordensleute', in verkleinerter Form auch von Laien getragen, die der Skapulierbruderschaft angehören, Heinrich Hansjakob, Erzbauern, Haslach i. K. 1985, 11. Aufl., S. 301. – 2) ,kleiner geweihter bzw. apotropäischer Gegenstand'; Volksglaube: In KRUMB. (MESSK.) ist das *Schapelier* ein kleines, viereckiges, mit Kräutern gefülltes und in einem Kloster geweihtes Pölsterchen, das von Schwangeren zur Erleichterung der Geburt unter das Kopfkissen gelegt wird E. H. MEYER 388f.; in ZOZNEGG wird den Kindern das *Schäppele*, ein Heiligenbild mit Goldeinfassung oder Blumenkranz, unter das Kissen gelegt, um u. a. das Zahnen zu fördern, eb. – Zu lat. *scapulare*, mhd. schon *schapelære, schepelære, -er* (m.), vgl. dazu die Anm. unter → *Sk-*. – Vgl. *Porziunkulaskapulier*. – DWb. 10/1, 1307; Els. 2, 533 (*Skapelier*); Fischer 5, 691 (*Schapelier*); Schweiz. 8, 1005 (*Schapulier*). 10, 10.

Skapulier-fest *šablīrfešd* OTTERSD. – n.: ,Fest der katholischen Skapulierbruderschaft am 16. Juli (Gedenktag Unserer Lieben Frau auf dem Berge Karmel)' RUF 36; *Die Oberwolfacher haben heute Skapulierfest* HANSJAK. ERZB. 236.

Skat *skād* WERTHM, ALTENHM, ICHENHM; *skād* AU A. RH.; *skʰāt* AUENHM; *šgāt* ETTHM, HERDERN. – m.: ,ein Kartenspiel mit 32 Karten, zu dritt gespielt' PLATZ 299, MENG 197, FOHRER 125, *S.* trat Anf. 20. Jh. in Konkurrenz zu → *Zego* OCHS-FESTSCHR. 295ff.; seit den 1870er Jahren oft gespielt WALLDÜRN/ALEM. 43, 31; *ab un zu emol en Skat, oder beim Schofkopfe* (→ *Schafskopf 3*) *eispringe* BRETL 58; *uŋ hęn dę kafe rųsgmaxd uŋ hęn ę šdad gšbīld* 1955 ICHENHM; *dī grösį bųrə dī hęn skād kęnə sbīlə* eb. – Zu ital. *scarto* ,weggelegte Karten'. – Weiteres → *dreschen 2c, Finessen, Sau 1a*; vgl. *Herzkart*; vgl. *I Turne, II Grand 1, Lusche 1a, Null 1b, Ramsch 2*. – DWb. 10/1, 1308; Fischer 5, 1426 (*Skarr*); Pfälz. 6, 136; Schweiz. 10, 14 (*Skart 2*) ; Südhess. 5, 1056.

Skelett → *Beinerg(e)stell 1, Gerippe 1b*.

Ski *šī* REUTE (EMM.), RADOLFZ., WEHR, IMMENEICH; Pl. wie Sg., jedoch auch *šīv* WEILER (PFORZH.). – m.: ,schmales, brettartiges Gleitgerät zur Fortbewegung im Schnee' ELLENBAST 60; *dęv kām dę efdvs* (öfters) *dan uf də šīv* WEILER (PFORZH.); *wīə hęn dīə xlainə būəbə glaxəd … wönį xųm mįt dem fvbrǫxənə* (zerbrochenen) *šī* IMMENEICH; früher als → *Schneeschuh* bez. – Entl. aus norwegisch *ski*, zu altnordisch *skið* ,Scheit' (vgl. KLUGE 631). – Vgl. *I Latte 1c, Brett 5*. – Schweiz. 8, 1 (*Schi*).

Ski-aufhebete „Schiufhebeti, -hebede" mancherorts im Wiesental und am Feldberg. – f.: ,Gestell zum Aufbewahren der Skier (z. B. im Zug oder bei der Piste)' Wiesental/ZFDMU. 1911, 184. – Zur Wortbildung s. → *-et(e)*.

Ski-buckel m.: ,im Winter zum Skifahren genutzter Hügel'; *uf əm šībųgl* 1955 GAUSB.

Ski(e)s ,Trumpf im Zego' → *Sküs*.

ski-fahren *šīfārə* ICHENHM, REUTE (EMM.), EISENB., IMMENEICH, WEHR. – st.: ,mit Skiern auf dem Schnee gleiten' SCHÄUBLE WEHR 66; subst.: *nǫ kųmə dī … įm wįndər dsųm šīfārə* 1981 EISENB.; *węn d lid* (Leute) *nox įn dr šdad* *fųrdgēn gį šīfārə* 1955 Ichenhm; *dǭ įš mr au mǭl n šōnə šbas basīrd bį dęm šīfārə* 1955 Immeneich.

Ski-fahrer *šīfārər* mancherorts. – m.: ‚wer sich auf Skiern fortbewegt' 1973 Wilferdgn; *nọ sįn dī šīfārər bəhįndərd įn dv waldwęg* (durch herabhängende Äste) Furtwangen. – Vgl. *Brettlehupfer*.

Ski-ferien Pl.: ‚Urlaubsreise zum Skifahren'; *į də šīfērįjə wārə mv uf m séntįs* 1955 Kadelburg.

Ski-gebiet n.: ‚Gegend mit mehreren Skipisten'; *ę šīgəbīd wī įn hįndərtsārdə ųn sō įš əs hald nįd* 1971 U.bränd.

Ski-gitzele Pl.: ‚jugendliche, schöne Skiläuferinnen'; *Skigizzili* Mitteilungen des Vereins der Badener zu Berlin 1932, S. 90 (in einem Bericht vom Feldberg). – Zum Grundwort s. → *Gitz(-)* 4.

Ski-klub *šīglub* so u. ähnlich mancherorts. – m.: ‚vereinsmäßiger Zusammenschluss von Skiläufer/innen' 1955 Schonach; *də šīglub*ᵇ *fįr də wįndvšbǫrd* Gausb.

ski-laufen *šīlāfə* Eberb.; Part.: *šīgəlofə* Eberb. – st.: dass. wie → *skifahren*.

skisieren → *sküsieren*.

Sklave m.: ‚seiner Freiheit beraubter Knecht, Leibeigener'; *Mainsch dvnn i bī di Sklav?* Reute (Emm.); dazu die Weiterbildung *Sklaverei* ‚Knechtschaft, Zwangsarbeit' eb. – Spätmhd. *sklafe, slave*, aus mlat. *sclavus* (vgl. Kluge 676). – Vgl. *Gschlaf*. – DWb. 10/1, 1309; Fischer 5, 1426; Pfälz. 6, 136; Schweiz. 10, 17 (*Sklaf*); Südhess. 5, 1056.

Skonto *šgúndō, šbúndō* Handsch. – n.: ‚Rabatt' Lenz Wb. 17b. 54a. – Aus ital. *sconto* (m.). – Südhess. 5, 1056.

skoren *šgǫrən* Schmiehm. – Adj.: ‚gelogen' Orten. 1918, 75. – Zu hebr. *scheker* ‚Lüge'. Der Beleg hätte zu → *Schkorem* gestellt werden können; der Einordnung als Adj. liegt die Bedeutungsangabe zugrunde, die auch auf einem Missverständnis beruhen kann.

Skorpion *šdǫrbiūn, -o-* Handsch.; *šdǫ́rbiōn* Dattgn; „*sturpjo*" Wollmatgn. – m.: ‚das Tierkreiszeichen Skorpion' 1895 Gutach (Schwwaldb.), 1933 Dattgn, Handsch./ZfdMu. 1912, 376; *du biš im šdǫrbiūn gəbǫvn* sagt man zu einem halsstarrigen oder rohen, albernen Menschen Lenz 3, 12; Brauchtum: die Reben werden im *sturpjo* nicht geschnitten, abgeräumt oder verbrochen Wollmatgn, vgl. dazu auch → *bitter* 1. – Mhd. *sc(h)orpe, sc(h)orpiōn*, entl. aus lat. *scorpio (-ōnis)*. – Weiteres → *geben* 5; vgl. *Himmelszeichen*. – DWb. 10/1, 1325; Els. 2, 615 (*Storpion*); Fischer 5, 1427; Pfälz. 6, 137; Schweiz. 10, 12; Südhess. 5, 1056.

Skorpion-öl *skorpijōnél* Wagensteig. – n.: ‚Einreibungsmittel' Zimmerm. hs. 284, einst durch Ausziehen von Skorpionen mit Leinöl bereitet Arch. Pharm. 1922, 162. – DWb. 10/1, 1329.

Skorpiose f.: PflN; ‚Grindkrautarten, Knautia und Scabiosa' Bechtersbohl/Mitteil. 1915, 389. – Vgl. *Gufenkissen 2a, Josefsknöpfe 1a, Witwenblume*. – H. Marzell Wb. 2, 1120.

Skotts Genus?: ‚Scotts Lebertranemulsion', nach dem Hersteller Arch. Pharm. 1922, 171.

Skrofeln ‚Krankheit' → *Kirinsbuße*.

skrofulös → *korfulös*.

Skrupel m.: 1) ‚kleines Apothekergewicht'; *Balsam Holtz / rot coralle(n) / jedes ein halbe(n) scrupel* Pict. Leibs Artz. 84b. – 2) ‚moralische Bedenken'; *skrupl* Reute (Emm.). – Aus lat. *scrupulus*. – DWb. 10/1, 1332; Fischer 5, 1427; Pfälz. 6, 137; Schweiz. 10, 20; Südhess. 5, 1056.

Sküs *šgīs, škīs* mancherorts. – m.: ‚oberster, höchster Trumpf im Kartenspiel → *Zego*' Eichrodt 85, 1947 Herdern, Ochs-Festschr. 306f.; *Schgies, Schkies* Albrecht hs.; *Wenn Freiburg der Mund* (zweithöchste Karte im Zego) *is, is Herdern der Schkies* ‚Herdern übertrumpft, ist besser als Freiburg' eb.; *Meine ersten öffentlichen Studien mit „Skis und Bagad"* (→ *Bagat*) *machte ich im „obern Prinz", einem feinern Bierlokal* Heinrich Hansjakob, Aus meiner Studienzeit, 10. Auflage, Freiburg 1966, S. 155. – Zu franz. *l'excuse*, wie in den franz. Tarotregeln der Matto (Narr) bezeichnet wird. Er kann von seinem Besitzer unabhängig von den Regeln immer gespielt werden. Der Besitzer entschuldigt sich üblicherweise dafür, weil er sich für eine Runde von den Spielregeln verabschiedet. Der *Sküs* wird mu. („entschlossen die Wirkung charakterisierend" Ochs-Festschr. 306, also wohl volksetymologischer Einfluss von *Stoß* o.ä. vermutet) häufig → *Stieß* (s. d.) genannt. Er zeigt im Zego „das Bild des Fiedlers, des deutschen Spielmanns" (eb.), nicht des Narren, und wird von Zegospielern daher auch als *gīgəmā* ‚Geigenmann' bezeichnet (vgl. Gerold Blümle, Jeder will den Gigemaa. Das badische Nationalspiel Zego, in: Lahrer Hinkender Bote 2013, S. 183). – Weiteres → *I Mund 3*; vgl. *Tarock 2, Gstiß, Sti(e)ß 1*. – DWb. 10/1, 1309 (unter *skisieren*); Fischer 5, 1426 (*Ski*); Schweiz. 10, 16.

sküsieren *škisīrə* Mingolshm. – schw.: ‚sich davon machen, etwas verlassen' Bruhr. 160. – Urspr. im Kartenspiel ‚den → *Sküs* spielen' und damit für eine Runde die Regeln verlassen. – DWb. 10/1, 1309 (*skisieren*); Fischer 5, 1426 (*skisieren*); Schweiz. 10, 16.

S-Loch n.: ‚Schallloch der Geige'; *Dr Julius ... hät ... emol zwō so großi Rosbrämë an e Fädili bunde un em Lērer si Gīge ni schpaziere lau. Wo dro dr Lērer áfgange hät zgige, se hät es si grad ni net trofe das di ai zun dem un di ander zem dem andere Ësloch ruskrablet isch un em Lērer um de Gigeboge rum bumset sin* O. Fwgler 72.

Slowake → *Schlawack 1*.

Smaragd m.: ‚grüner Edelstein'; *es macht Lust und Beliebung zu den Studiis, wie der Smaragd* Simplic. Scholte 243; *etliche grosse Smaragd aus dem Americanischen Meer* eb. 432; *damit ich des überaußschönen Smaragds, den sie am Hals hatte, habhafft werden möchte* Grimmelshsn 2, 272; *einen Diamant, einen Smaragd, einen Rubin und einen Saphier* eb. 276. – Mhd. *smarac(t), smaragt, smarāt*, aus lat. *smaragdus*. – DWb. 10/1, 1334; Fischer 5, 982 (*Schmaragd*); Pfälz. 6, 138; Schweiz. 9, 969 (*Schmaragd*).

Snew(e)li(n) FN → *Schnewlin*.

so *so* im gesamten Gebiet; *sou, sǫu* mancherorts Taubergrund, Bauland, Kurpfalz, Östrgn, Rapp.; *sō* mancherorts Pfinzgau, nördl. bis südl. Schwarzwald, Markgräflerland, Hotzenwald, Jestet., Möhrgn, Büsgn, Gailgn, Schwenngn, Gutenstein, Leibertgn, Engelswies, Sauld., Hattenwlr, Dettgn, Konst.; *sōə* Plittersd., Ottersd., Wintersd., Greffern, Marlen; *soə* Legelsh., Haltgn; *sǫ* Münchw., Gremmelsb.; *sǫ* Gutach (Schwwaldb.), Burkhm, Hügelhm, Ib. (Säck.), Brenden, Hilzgn; in unbetonter Stellung meist kurz: *so* Plankst., O.scheffl.; *sə* O.weier (Rast.), Meissenhm, Buchenbg, Schönwald, verbr. südl. von Freib., Markgräflerland, Gersb., O.baldgn; Dim.: *sōli* Sunthsn; meist jedoch dreisilbig (wohl analog zu anderen zärtlich verkleinerten Formen wie *gūdələ* (→ *gut*), *wāsili* (→ *was*) etc. gebildet, vgl. O. Sexauer 140f. 162 u. Schweiz. 7, 17f.) mit hiatustilgendem Dental: *sōdələ* so und ähnl. verbr. Kurpfalz, O.scheffl., Jöhlgn, Pforzhm, Bietighm, Ottersd., Sandw., Kappelwi., Harthm (Freib.); *soudələ* Handsch.; *sodę̄lə* O.weier (Rast.); *sōdeli* Appenw.; *sōdili* Schutterwald, Gremmelsb., Tribg, Stahrgn; *sodili* Schutterwald, Hofw., Münchw., Reute (Emm.), Radolfz.; *sodeli* Lahr; *sōdi̯li̯* Etthm, Freib.; *sodile* Freib.; *sōdəli̯* mancherorts ob. Markgräflerland, Lörrach, Wehr (s. auch unter → I1aβ). – **I.** Adv.: **1) a)** als einleitende, abschließende oder zusammenfassende Feststellung. α) alleinstehend oder in isolierter Stellung am Satzanfang, tw. verdoppelt Treiber 66, Heilig Gr. 38, Lenz Wb. 66a, Liébray 276, Reichert 84, Bruhr. 164, Boger 3, O. Sexauer 71. 95, Schrambke 137, Fohrer 216, Eckerle 45, Gesser 73, Beck 89. 95. 192, R. E. Keller Jest. 68f. 71, E. Dreher 49, Joos 161; *soū, soū* ‚so ist es! (wie du sagst)' Platz 299; *sou, sou!* ‚also darum' Humburger 187, ähnlich Roedder Vspr. 528a; *So so, de losch ders schint's behage* Gempp 80; *sō dū lūədər* Baur 276; *sou, dū khumš mv grād re̯xt* Meis. Wb. 156a; *sou, iš ər khumə?* Roedder Vspr. 528a; *sou, dēr dēt mər re̯xt khumə!* ‚nun, der käme mir eben recht!' eb.; *soū, awər eds ... !* ‚so, aber jetzt (sind wir so weit)' Platz 299; *Sou, jedz hosch-s* Dischinger 178; *sō, jeds dārf i nū nọ di̯ə gablə fol holə* Ketterer 34; *So ez gämer go do drdur un kume dro über d Husgangschtäge in's Schtübli nuf* O. Fwglr 12; *Miä geenä haid mool aus. Sou måån-i aa.* Dischinger 178; „*sō, di Fahrkarten!*" sagt der eintretende Schaffner im Zug 1929 Köndrgn. – β) spez. im Dim., ebenfalls alleinstehend oder in isolierter Stellung am Satzanfang; *soodili* ‚jetzt ist es passiert' Fleig N. 4; *Sodili, my Mütterli, / I mueß es operiere* Baum Dipfili 15; *Soodälä, jedz geed-s auwwä hååm* Dischinger 177; bes. aber Ausdruck der Befriedigung über eine vollendete Arbeit: *soudələ* ‚fertig, geschafft, das wär's' Lenz 1, 42b, ähnlich Bräutigam Mach 115, Frei Schbr. 150, Roedder Vspr. 528a, Dischinger 177, 1976 Jöhlgn, Ruf 42, G. Müller 35, Burkart 130, G. Maier 159, Braunstein Raa. 33, Bayer 63, Schwendemann Ort. 1, 187, Etthm, Fleig 135, A. Müller 1, 107, Pfrengle Harthm 91, Glattes 48, Beck 155, Schäuble Wehr 137, Staedele 50f., im Gespräch mit Kindern O. Sexauer 134. 141. 162, Neusatz, O.weier (Rast.)/Zfd Mu. 1916, 284; *sōdi̯li̯* ‚so, mein Freund, da hast du!' 1955 Freib.; *soudələs* ‚so ist es recht' Treiber 58; *Sohdele* Ausruf des Wohlwollens über die vollendete Arbeit, ruft auch der Fischer, wenn er abends die Netze einzieht Odenwald MPh. 101; *Sohdele, Schluß fa heit!* sagt der Müller abends und bringt das Mühlrad zum Stehen eb.; *Sohdele, dess hemma mool widda gschafft* sagt der Bauer nach dem Pflügen des Ackers eb.; *sodele* ‚so jetzt!' Baden-B.; *soderle jetzert* eb.; *sodele, jetzt hemmers* ‚basta, das hätten wir' Lehr Kurpf.² 137, ähnlich Herwig-Schuhmann 114, Humburger 187, Ellenbast 67; *sodele - des hetəmər* ‚so, das hätten wir' 1973 Neust.; *sōdələ, jezz ischs färrdi!* ‚so, jetzt ist es fertig' Rittler 126; Wortwechsel, wenn beim Fleischabwiegen ein bisschen mit dem Daumen nachgeholfen wird: „*Sodele*", *hot die Metzgersfrââ gsââd un hot e bissl schnell gwoore. „Ich will kå Sodele", hot selli Kundin druff gsååd, „ich will mei(n) Flââsch, wie s rechd isch!"* Lehr Kurpf. 112, ähnlich Humburger 187, Bräutigam Mach 115; *so jetzt ja ja hajo, nix soodele, mei Gwichd wille* Schwarz 75; zur Bestätigung, wenn etwas danebengeht: *soodele, jetz hosch doi Fätt* Humburger 187; *sōli* Ausdruck des Tadels, Vorwurf Sunthsn; *sōli, jets hædd mərs gsãnə!* eb.; als Reimwort: *sooli Boboli* ‚jetzt ist es passiert' Fleig N. 4; Beginn eines Wiegenlieds: *Soli, baboli, der Babe* (Brei) *isch guet, / Wämer brav* (tüchtig) *Hunig un Zuger dra tuet* Bahlgn, ähnlich 1895 Amoltern/Umfr.; *riti, raiti, sohli / z' Basel stoht en Kohli* Rotzgn; vgl. *I se 1a*. – **b)** zum Ausdruck der Verwunderung; *sō jä* Schwendemann Ort. 1, 20; als Frage: *souə?* ‚wirklich?' Roedder Vspr. 528a. – **c)** verstärkend; *ahsoo, etz wọęssis* ‚ach so, jetzt weiß ich es' Ellenbast 18; *sou' ja'!* ‚das ist aber schlimm, das hättest du nicht tun sollen!' Roedder Vspr. 528a; *souja, jetz hämmer di Bschääring!* Humburger 187. – **2) a)** ‚auf diese/solche Art und Weise, solcherart, derart'; *bal sou, bal sou* Meis. Wb. 156a; *sou iš s re̯at/gūt/šei̯* ‚so ist es in der Ordnung' Roedder Vspr. 528a, ähnlich Meis Wb. 156a; *s iš au sō re̯xd* ‚es ist dennoch gut' 1908 Etthm; *soū werds sei!* ‚so wird es sein' Platz 299; *soū isəawidər niid* ‚so ist es auch wieder nicht' eb.; *des isch hald sou* ‚das ist eben so' Frei Schbr. 151, ähnlich 1973 Neust., Ellenbast 18; *des moscht əsoo machə* ‚das musst du auf diese Art machen' eb., ähnlich Kirner 336, Meis. Wb. 155b; *ẹ jeds max i s hald əsō* Ketterer 21; *sou dęrf mər des nõt maxə* Roedder Vspr. 528a; *des hed so šin mẹəsə* 1976 Moos (Bühl), ähnlich *s het əsō müəsə sĩ* 1979 Laufenburg; *əsō kōtəš net* Kirner 336; *des mụs ōfax ọnęšt we̯'n ba ụns sou geits net* ‚das muß einfach anders werden bei uns, so geht's nicht' Bauer Hemsb. 36; *ja - əs wā bai ụns əsọu* ‚Ja, so war es bei uns so: ...' eb.; *si wịrd s əso weḷə ha* Ketterer 16; *ụn ẹsō ... iš d'nō ụns^{ər} ræboi* ‚und so ist dann unser Rebbau' Kleiber Burkhm 24; *un 's goht mer schier gar selber so, / i cha fast uf ke Bai meh stoh* Hebel 24, 5; in Kinderliedern: *Jakob hatte sieben Söhne / ... Sie machten alle so: / Mit den Händen tick tick tick, ... Mit dem Kleide so so so.* Norsgn/Schläger 34; *Im Maie, im Maie / Sind alli Kinder froh, ... Und machet alli so so so. Bei so so so klatschen die Kinder in die Hände* Eigeltgn/eb.; *Dann begegnet' uns zwei Damen, / Di so machen, die so machen* Münzeshm/eb. 35; vgl. *selbenweg 2*. – **b)** ‚in solchem Maße/Grade, dermaßen'; *sou houch* Schweinbg/Umfr.; *so witt* G. Müller 35; *sou gnau wisə* 1972 Beckstein; *sou oft* Meis. Wb. 156b; *i bin sou frou* eb. 155b; *net sou fịl* mit entsprechender Handbewegung ‚gar nichts' eb. 156a; *nēt sou' fịl hošt fun mĩr dsə grīi̯ə* dabei presst der Sprecher Daumen und Zeigefinger fest zusammen Roedder Vspr. 528a; *sou viel Gouldschdückle* Lindelb./Mein Heimatl. 1933, 368; *šepf net (ə)so fīl⁻, tə khašš jọ net foęssə* (veressen) Kirner 229; *si khān au i̯d əso fịl dsālə* Ketterer 25; *Wass schraisch-n sou?* Dischinger 178; *šrəi ned əso* Pforzhm; *der Lehrer schlägt einem sou!* ‚so hart' O.scheffl.; *dī hot dər sou gədaū* ‚sie hat gejammert' Roedder Vspr. 528a; *ər iš so šl̥ẹ̄at, daß mə n it ęəssə ka* ‚er ist dermaßen schlecht, dass man ihn nicht essen kann' Ochs-Festschr. 254; *Är isch so verschröckche, ass kchai Bluêt choo wär, wënn mer en gstöchə hätt.* Schäuble Wehr 17; *Tuegmach, s pressiert nit so!* Hebel 37, 17; Scherzfrage: *Warum kann e Gaaß net stricke? - Weil se sou viel Knottel mächt* H. Schmitt² 74. – **c)** ‚ebenso, genauso'. α) in Verbindung mit *wie*, um Vergleiche auszudrücken; *əso fịl⁻, wīt, lāi̯, krōs, šę̂ we ...* ‚so viel, weit, lang, groß, schön wie' Kirner 120; *ər eš əso grōs wü ey̆* ‚er ist so groß wie ich' Meng 294; *v khans sou gūt wi dū* Meis. Wb. 155b, ähnlich Roedder Vspr. 528a; *sou fịlmōl as/wi ər khimt* eb.; *i šaf sou fịl wi i khan* Meis. Wb. 156b; „*Sou viel, wi i khao könna!*" Mein Heimatl. 1933, 368; *Dehaim im Bachemoggeloch säi de Drägg lang id soo dräggig wiä im Schwowe husse* Gütenb.; *Lieder, schö sou wie em Stor* (Star) *seins* Boxbg/Ekkhart 1934, 86; *do unte glänzt's im Morgetau / so schön wie in dym Himmelssaal!* Hebel 37, 22; *e G'siecht, so fründlig wie d'r glänzig Vollmuund* Ganther Stechp. 8. – β) in Verbindung mit *auch*: *au soo* Schwendemann Ort. 1, 186; *De bisch no jung; Närsch, i bi au so gsi* Hebel 28, 19. – **3)** pronominaler Gebrauch. **a)**

‚solch, solche'; *so hai* ‚solches Heu' W. ROTHMUND 42; *so šµǝ* ‚solche Schuhe' eb.; *mįt so holts* ‚mit solchem Holz' eb.; *in so Häuser* ‚in solchen Häusern' ALBRECHT HS.; *ein Mā mit so Körbe* LENZ WB. 66a; *kei e so Wesis dervu mache* ‚kein solches Wesen/Aufhebens davon machen' ALBRECHT HS.; *es git schon so Lit* eb., ähnlich HUMBURGER 187; *mit sou lœid hodmǝrs dsǝ doũ* HETTGN, ähnlich MEIS. WB. 156a; *max khaĩ sou gsįxt* eb.; *das sǝn sou saxǝ* eb.; *sou šdāī fārnõ gǝnuŋk daus rim* ‚solche Steine fahren genug draußen herum', es lohnt sich also nicht, sie nach Hause zu bringen ROEDDER VSPR. 528b; *sou hot š fǫr ausdrik* ‚solche Ausdrücke hat sie' eb.; *nǫ mē so ...* ‚noch mehr solche, von der Sorte' 1973 NEUST.; *ich hab so Schrunde an de Händ* ZIMMERM. HS. 284; *ich möcht so Salb, so Pülverli für ...* eb.; *Am liebsten würde ich an so Tagen still vorbeischleichen* H. THOMA HERBST 201; *So näti, kugeligi wīsi Rüabli* O. FWGLR 61; *Suug am Zipfeli Leberwurst; / 's isch besser für so chlaini Burst!* HEBEL 4, 91; *De hesch so roti Strümpfli an* eb. 23, 17; auch nachgestellt: *dǫ sįȷ gand šārǝ so khū* KETTERER 55; subst.: *dō sen sou* ‚da sind solche' ROEDDER VSPR. 528b; *die heilige Sant Ottilia ist gewiß keine so die ihr ein Schlückli, so ein kleines Schlückli übelnehmen würde, nein, die ist keine so!* GÖTT KALENDERGESCH. 23; Ra.: *Wer so Freind hät, bruucht kǫni Feind me* KRAMER GUTMADGN 275; vgl. *sonig.* – **b)** α) in Verbindung mit *für* in der Regel mit diesem zusammengezogen: *sōfǫr* ‚so für, solche' 1976 GRÖTZGN, ähnlich O.WEIER (RAST.)/ZFD MU. 1916, 284; *sofer sinds gwä* ‚solche sind es gewesen' G. MÜLLER 53; *was hasch duu fa guudslen? i häb soofa!* ‚Was für eine Sorte Bonbons hast du? Ich habe solche!' WAGNER 184; *willsch soofǫr epfǫr oddǫr soofǫr?* RITTLER 126. – β) in Verbindung mit *etwas/was*: *weni souwas höör!* (Ausdruck der Empörung) PLATZ 299; *so ebbes* ‚so etwas' G. MÜLLER 35; *ǝso epaš kēǝrǝ* (→ *gehren*) *t līt net hērǝ* ‚so etwas/derartiges wollen die Leute nicht hören' KETTERER 55; *das mę įn denǝ ǝ drai fīv jǫv sou wȧs hęwǝ uf dī bǫ šdela kenǝ* ‚dass wir in diesen drei, vier Jahren so etwas haben auf die Beine stellen können' BAUER HEMSB. 46. – γ) ‚solch ein', in Verbindung mit dem unbestimmten Artikel verschmilzt dieser tw. mit *so*; attributiv: Nom./Akk. *sǫuǝn* BAUER HEMSB. 30f.; *souǝ* PLATZ 299; *soǝ, soǝn* ‚s. eine, s. ein' RITTLER 126; *so e* ‚s. eine(r)' BAYER 63; *sone* ‚s. eine, s. einer' 1979 LÖRRACH; *sōnę* ‚s. einen' BECK 126; *soǝn, soǝ* W. ROTHMUND 42; *so ǝ Glück* ‚solch ein Glück' ELLENBAST 67; *souǝ bágęt* ‚solch ein Paket' BAUER HEMSB. 26; *sone Kuah/Hüs/Esel* ‚solch ein(e) Kuh/Haus/Esel(Dummkopf)' MEIER WB. 140; *sou ǝ kävl* ‚ein solcher Kerl' LENZ WB. 66a; *so e Art Aštma* ZIMMERM. HS. 284; *max gǝ sou ǝ šnūdǝ* ‚zieh kein solches Gesicht' ROEDDER VSPR. 528a; *ich will so e schwarz Band* ‚geben Sie mir ein solches schwarzes Band' 1934 FREIB.; *der Wagner hat auch so einen strengen Vater* H. VILLGR DOPPELGEST. 15; *Ihr seid so ein Charfreitagschrist* BURTE WILTF. 23; *So e Himm'lfahrtsprozessiun isch ebbis Schüns* GANTHER STECHP. 30; *So en Kumēt oder Wandelschtærn ... sit mern höxtens ... miteme sōe große Schpektifi* (→ *Perspektiv*) O. FWGLR 63; *Lueg, so ne Muetter het ihr Chindli lieb!* HEBEL 12, 38; tw. auch mit doppeltem Artikel: *(ǝ) sou ǝn gūtv man* MEIS. WB. 156a, ähnlich ELLENBAST 18; *(ǝ) sou ǝ brāfǝr bǫršt* ‚(ein) solch ein braver Bursche' ROEDDER VSPR. 528a; Dat. *sou ǝrǝ* BAUER HEMSB. 46; *somene, sonere* ‚s. einem, s. einer' 1979 LÖRRACH, ähnlich MEIS. VW. 37; *sōnǝmǝ, sōnǝrǝ* SCHWENDEMANN ORT. 1, 188; *į somǝ, į sonǝrǝ, į somǝ* neben *įmǝ soǝ, įnǝ soǝ, įmǝ soǝ* W. ROTHMUND 42; *in soonre Stell* ‚in/an solch einer Stelle' JUNG BRÄGEL 57; *sō ǝrǝ hųdl* ‚solch einer Schlampe' BURKART 283; *įmǝ soǝ / į somǝ lūsbųǝb* ‚einem solchen Lausbuben' W. ROTHMUND 42; *in soomè Huus wuunsch du?* RITTLER 126; *bi soorè Lufd kôônsch kumm schnuufè* ‚bei solch einer Luft kannst du kaum atmen' eb.; *in sóoèmè Schdigli bin i no niè gsii* ‚in einer solchen Theateraufführung war ich noch nie' FLEIG 135; subst.: Nom./Akk. *soũ aanǝr* ‚ein solcher, von dieser Sorte' PLATZ 299; *sou ānv* ‚solch einer' LENZ WB. 66a; *soain, soainį, soais* W. ROTHMUND 42; Dat.: *į soaim, į soaiǝrǝ* eb.; *Sonem, sonere gläub i nit* ‚solchem einem, solch einer glaube ich nichts' MEIER WB. 141. Die (nur) bei W. ROTHMUND 42f. aufgeführten Formen *asǝnain, asǝnǝ(n) / asǝmǝ, asǝrǝ*, die sich „räumlich und zeitlich genommen ... auf etwas Entfernteres" beziehen, gehen wohl auf → *also* zurück (vgl. eb. 43). – † **c)** als Relativpronomen; *aber weiß ich ihm keine fraw, den die jungen so gelt haben seindt von keinem gutten hauße* ELIS. CHARLOTTE/LEFEVRE 224; *undt eine copie geschickt von einer überschrieft so ihr die fürstin von ostfießlandt* [!] *geschrieben* eb. 223. – **4)** ‚sowieso, ohnehin'; *i hab sou gǝ geld, jedst wit dū ą nō* ‚ich habe ohnehin kein Geld, jetzt willst du auch noch' ROEDDER VSPR. 528b; *i bin sou so grąk* ‚ich bin sowieso schon krank' eb. – **5)** ‚ohne (das durch den Kontext Vorauszusetzende)'; humorvoller Kommentar, in Situationen, in denen man sich gegen etwas entscheidet: *Liêber itt ùnn so ins Bett* SCHÄUBLE WEHR 17. – **6) a)** ‚etwa, circa, ungefähr'; *sō drīssg* ‚etwa dreißig' STAEDELE 51; *so sechs bis acht Schoppe* TRENKLE AL. 205; aus einem Schüleraufsatz: *am Nachmittag, so um ½ 3, kam dann meine Tante* BADEN-B.; *Es wird noch so 8 Tage dauern* schreibt ein echter Ihringer 1950 IHRGN; *Mein Schwager wird sowas bis 10. Januar auf Urlaub kommen* schreibt eine Frau 1915 WAGNER 184. – **b)** ‚Ähnliches', in Verbindung mit *oder* bzw. *und*, nachgestellt zur Markierung der Vagheit oder Relativierung einer Angabe; *wǣlǝlǝ* (→ *Welle* ‚Bündel') *fomǝ halwǝ dsǝndnǝr ǫder sō* RHEINBISCH./ZFDMU. 1912, 350; *ǝdǝr ǝsō ebis* ‚etwas Ähnliches' 1973 WALDAU; *dęr häist dütmaivr odvr ęsoo* ‚oder ähnlich' O.WEIER (RAST.)/ZFDMU. 1915, 371; *s obsd ųn sō* 1971 ENDGN; *įm mai ųn sō* 1982 ESCHB. (FREIB.); *dǫ wārǝ lųdǝr lęrǝr ųn sō ... lųdǝr bęǫmdǝ* 1980 BÜHLERT. – **7)** partikelhafter Gebrauch (unbetont); relativierend, tw. verstärkend, steigernd; *sou węr s wędǝr nęt šlęt* ‚an sich wäre das Wetter nicht übel' ROEDDER VSPR. 528a; *wan vr ā nox so šlau iš* MEIS. WB. 156b; *mr mūǝs įd so dųm sī ųn dęs glaubǝ* KETTERER 41; *d'nǫ k'ęn' mįr sǫ dsįmlįȷ sįxǝr sågǝ* KLEIBER BURKHM 20; *grad ǝso ts'm tsnīnįęsǝ* ‚einfach so zum Neuneessen' 1973 WALDAU; *'s isch jo nit so schlimm!* HEBEL 64, 8; *aldi bīsǝ ..., wō si so khed hen* ‚alte Büchsen ..., die sie so gehabt haben' BAUR 276; *d Adelī hät scho kinē ë weng ... dr Mûadr hälfè im Hus rum so newe dr Schual* O. FWGLR 7; *'S Loos koscht numme dreißig Kreuzer, / Heww i so for mich gedenkt* NADLER 43; *des is so meiñ Gedanke* eb. 71; *Un Wii un Kaffi schmeckt dir doch so guet!* HEBEL 12, 55; *Wie bisch so chlai un doch so gschickt!* eb. 31, 50; *wo's so steinig un so heiß isch* GANTHER STECHP. 32; *So arg so schterblich arg verliebt* NADLER 84; *Er singt vun seiner Lieb so laut, / Er singt so laut und viel* eb. 98; *Sël alt Hûs dert isch s Uaris Schtäfè, des isch ë so dr Bûr im Schwëwèldobel* O. FWGLR 10; spez. als Einleitung einer Bitte: *sai so guut!* ROEDDER VSPR. 528a, ähnlich: *wǣǝrašd įd sǫ guǝt* 1973 HAGNAU; *bįš so gųǝd ųn mǫxš mǝr des* 1972 GLOTTERT. – **8)** konsekutiv (unbetont). **a)** ‚also, deshalb'; *un das de mêrksch wa des isch, së mûas dr e weng ebis derfo vërzelë* O. FWGLR 13; *un wil ër ęn guate Gsell brucht hetig, se hät ër haim gschribe s sol ain zuanem khu un sol ęm hälfe* eb. 4. – **b)** ‚dann' MEIS. WB. 156a; *wan ǝr khimt, un so węr mǝr s ręxt* ‚Wenn er käme, dann wäre mir's recht' ROED-

DER VSPR. 528b; *Wenn er si jezen au schücht, sen isch er derno diste freier* DORN 27; *Se nimm si, wenn de si ha witt* HEBEL 39, 137; *Un triffsch am Bach e Fröschli a, / sen isch's der* (dir = dem Storch) *gunnt. Verstick nit dra!* eb. 23, 77; *wen awer dr Bûr it gfåre isch, se hät mer müasë mit dr Houe dra* O. FW-GLR 53; Ra.: *wįd nįd, se hesch ghaa* ‚willst du nicht, dann hast du gehabt' VÖGISHM/ALEM. 25, 112; Heilspruch für Kinder: *káilə háilə họ́rn* (→ *Horn 5*), / *hạilds hŭt net, dsə hạilds mǫ́rn* RHEINBISCH./ZFDMU. 1914, 255a, vgl. *heilen 1b*. – **9)** temporal: ‚da'; *Wo das d'Muetter hört, se sitzt si nider vor Schrecke* HEBEL 39, 136; *un wo ës em verlaidet gnuag gsi isch, so hät mi Lënz s Bündili wider gschnalet un isch wider haimiszu* O. FWGLR 4. – **II.** Konj. **1)** konsekutiv, nur in der Wendung *so dass*; *sǫ dås mr węnigǝr mē wį' frį'jǝr di° üsfœl het* (durch Rebkrankheit) KLEIBER BURKHM 20; *Di ganz Wält isch gsi wia ën gröse Kær vol nëië Wi'; ǔberal hät es gsürlet un gjæset un pfüterlët, so das mër nia gwüst hät wen ës de Bunte nûsjagt* O. FW-GLR 7. – **2)** vergleichend; *sou gŭt wi ər iš, ęwər sou hidsi iš ər ą̄, dər mardīn* ROEDDER VSPR. 528b; in Beteuerungen: *so gwīs, sou gwīs* MEIS. WB. 155b; *sọ gǝwīš wī i dō sids, sou gǝwīš hot š das gṣāt* ROEDDER VSPR. 528b. – Mhd. *sō*; die Formen *eso* unter 2a gehen zurück auf mhd. *also, alse*, vgl. *also 1*. Tritt die gleiche Form bei pronominalem Gebrauch auf, beruht sie auf Dopplung des Artikels („ein so ein"). Vgl. dazu SCHWEIZ. 7, 33 und DWB. 3, 299 (*einso*). – Weiteres (in Auswahl) → *I ein 2bβ, etwer 1a, ewig 3c, fortmachen 1, für 2α, hoch 2, ja B5, jung 1a, kalig, keck 2, Kinderei, klein B1, kurz 2a, la 1, I lang 1c, liegenlassen, Mädle II 1a, nach II 2b, norksen 2, nun 2a. b, nur, Rebkrankheit, regen, rund 1a, Sach(e) 2c. 4a, sagen 1, schaupeln 1, I schicken 2b, schlimm 1, Schlüssel 1a, schörfeln, I schottern, Schwaben 1, sehen B1. 3a, seidig, I sein B1b. 2b. d. e. 3a, siedig 2, sürfeln*; vgl. *ebensomär, sowieso, wieso*. – DiWA III-3, 409. III-5, 242. 299. 557. 558; DWB. 10/1, 1341; Els. 2, 316; Fischer 5, 1428; Pfälz. 6, 138; Schweiz. 7, 15; Südhess. 5, 1057.

so-bald *sobal* DÖRLESBG, EBERB., RAUENBG (WIESL.), SANDW., mancherorts Mittelbaden, O.RIED, EISENB.; *sobald* ADELHSN, STAHRGN, KONST.; *sobāld* ÖHNGN. – Konj.: **1)** ‚gleich, sofort wenn' G. MÜLLER 35, GASSERT 76; 1481 *Wa aber ainer selen* (→ *Seele 5*) *fachet vil oder wenig, die sol ain jetlicher, sobald er dero ansichtig wirt, bi sinem aid och ußwerfen, wie die hŭchen* ÜBERL. STADTR. 154; *sobalv brųmlǝd het* ‚in dem Augenblick, wenn er gebrummelt hat' 1980 O.RIED; *sobal ebar fręmdǝ kųmt* 1981 EISENB.; *sobāld s įm früjǝr uftrǫxnǝt khā het* 1976 ÖHNGN; *sobal ę glęi bišlą fęd drįn wār* 1972 LINACH; *sobald aß i gęssǝ ha, gąy i* ‚wenn ich mit dem Essen fertig bin, werde ich gehen' STAEDELE 58; *Denn soball de chasch uf aigene Füeßlene furtchoo, / schliefsch mit stillem Tritt us dym christalene Stübli* HEBEL 1, 22; *Soll mi der Teufel hole, soball i aini me arüehr!* eb. 6, 68; Ra.: *sobal de gę̄š, bįš nį́mǝdǝ* ‚beim Abschied, wenn man den Besucher nicht fortlassen will' EBERB. GESCHICHTSBL. 11. – Adv.: **2)** in Verbindung mit *nicht*, ‚kaum'; *en Effekt g'macht wie soballnet e Buch* EICHRODT 155. – Weiteres → *anheimeln, Sicht 2a*; vgl. *gleichsobald*; vgl. *bald 1b, fürst 1a, fürstmals, wie*. – DWB. 10/1, 1385; Els. 2, 38; Fischer 5, 1429 (unter *so*); Pfälz. 6, 140; Südhess. 5, 1058.

sochen, sochzen *soxǝ, -ō-* HEIDELBG, verbr. Kurpfalz, mancherorts Bruhrain; *sōxdsǝ* O.SCHEFFL.; Part.: *gsōxdst* eb. – schw.: ‚kränkeln, siechen' FREI SCHBR. 150, TREIBER 97, T. RAUPP 54, BRUHR. 164, ROEDDER VSPR. 528b. – Mhd. *sōchen, sochen* ‚siechen'. – Vgl. *siechen 1*. – DWB. 10/1, 1388; Fischer 5, 1430; Schweiz. 7, 203; Südhess. 5, 1058.

I **Socher, Sochzer** *soxv, -ō-* WERTHM, mancherorts Kurpfalz, Bruhrain, Kraichgau; *sōxdsǝr* O.SCHEFFL.; Dim.: *soxvlǝ* PLANKST. – m.: ‚schwächlicher, kränkelnder Mensch' HEIDELBG, T. RAUPP 132; Sprichw.: *De Socher iwwerlebt de* → *Pocher* ‚der kränkliche Mensch überlebt (oft) den Kraftprotz' LEHR KURPF.², 137, ähnlich WIBEL RA. 34, LENZ WB. 53a, TREIBER 97, NEUDENAUER ÜBERL. 138, C. KRIEGER KRAICH. 124, ELSENZ/ALEM. 25, 246, HUMBURGER 158, FREI SCHBR. 150, LITTERER 310; *der sochr gēt iwr de bochr* BRUHR. 164; *ǝ junǝr sōxdsǝr gait n ālda grōxdsǝr* ‚wer in der Jugend kränkelt, erreicht meist das Greisenalter' ROEDDER VSPR. 528b, vgl. *Grochzer 2b*. – Nominalbildung zu → *soch(z)en*. – Vgl. *Serbling 1a, Siech 2*. – DWB. 10/1, 1389; Fischer 5, 1430. 6/2, 3123.

R II **Socher, Sochter** *souxv* RAPP.; „Sochter" PFULLEND. – m.: **1)** ‚junger Mann' Händlerspr. MEIS. WB. 157a. – **2)** ‚Handelsmann' KLUGE R. 340, dazu auch *Socht* ‚Kaufladen' eb. 341 und *Sochterei* ‚Handelschaft' eb. 340. – Zu jidd. *sachern* ‚handeln', hebr. *sáchar*, verwandt mit → *schachern*. – Vgl. *Fähnrich-, Kluftereisocher*. – DWB. 10/1, 1389; Pfälz. 6, 140.

sochzen, Sochzer → *sochen, I Socher*.

Sockel *sogl* HANDSCH., REUTE (EMM.). – m.: **1)** ‚unterer Teil von Gegenständen, Steinblock' LENZ WB. 66a; *dr Sokl vu däm Schtai* REUTE (EMM.); Rätsel vom Fass: *'s sitzt ebbis uffem Sockel, / Un b...st* (soll heißen: *brunzt* ‚uriniert') *wie e Bockel* VOLKSK. BREISG. 87. – **2)** ‚gutmütiger Kerl'; *i gilt als guater Sockel* WEISSER KU. 22. – Laut KLUGE 677 im 18. Jh. entl. aus franz. *socle*, das auf lat. *socculus* zurückgeht. – Zu Bed. 1 vgl. *Fuß 4f*. – DWB. 10/1, 1392; Els. 2, 346; Fischer 5, 1431; Pfälz. 6, 140; Schweiz. 7, 684; Südhess. 5, 1059.

Söckel *sögǝl* SINGEN A. H.; *sögǝl* WORBLGN. – m.: ‚mit Brot und Zucker gefüllter Saugbeutel für kleine Kinder' W. SCHREIBER 32; *wo's no chlii ksii sind* (die Kinder) *hät me ehne en Söggl zum Suggele gäe* FLÜGEL 99. – Vgl. *Schnuller 1*.

Sockel-mauer *soglmŭrǝ* MÜNCHW.; Pl. wie Sg. – f.: dass. wie → *Fundament 1* SCHWENDEMANN ER. 14.

sockeln nur in → *ummesockeln*.

söckeln *sǫ́gǝlę* WORBLGN. – schw.: dass. wie → *schlotzen 1a, suckeln* eb.

Sock(e)(n) *sogǝ, -v, -ę* verbr. in ganz Baden; *sog* MÖRSCH, ALTENHM; *sokǝ* SCHÖNWALD, SCHWÖRST., GUTMADGN, MÖHRGN; *sogǝ* TODTM.; *sǫkx(ǝ)* ESCHB. (WALDSH.); *sok* verbr. um STOCKACH; *soggǝ* RADOLFZ.; *sokǝ* KONST.; Pl.: in Orten mit zweisilbigen Singularformen wie Sg.; *sogę* MÖRSCH; *sokkę* STOCKACH; *sok* STAHRGN; Dim.: *seglǝ, -lį* verbr. in ganz Baden; *seglǝ* ALTENHM; *seklǝ* MÖHRGN; *sökxli* SINGEN A. H. – m.; f. in O.SCHEFFL., MÖRSCH, MÜHLGN: **1)** ‚Fußbekleidung'. **a)** ‚gestrickte Hausschuhe mit verstärkten Sohlen, teilweise auch aus Filz' HETTGN, Meng 166; „Soggele" RHEINF./BAD. ZTG Umfrage Mai 2001; mit dem *S.* schlüpfte man in den Holzschuh WAGNER 184. – **b)** ‚kurzer Strumpf' LENZ WB. 66a, LIÉBRAY 276, DISCHINGER 177, RITTLER 125, O. SEXAUER 94, BURKART 266, G. MAIER 159, FOHRER 18. 98, BAUR 93 ff., NOTH 359, SCHWER 35, WAHR 28, W. ROTHMUND 14, E. DREHER 82, STAEDELE 32, JOOS 111; *S.* tragen besonders die Männer in GÜNDLGN, GLOTTERT., WILDGUTACH, ST. MÄRGEN, SCHWENDEMANN ORT. 1, 81. 194; im Dim. speziell ‚Kinderstrumpf' KIRNER 267, W. SCHREIBER 29; *e Pǻǻ Sogge* HERWIG-SCHUHMANN 104; *t Sokkǝ flikkǝ* FUCHS 18; *Loch im Söckli* JUNG BRÄGEL 15; *Mei Sogge sin naß worre* LEHR KURPF.² 137; *Bi də Socka isch es glüch, welər də link und də rächt isch* KRAMER GUTMADGN 275;

als daß er in Socken und Strümpfen biseret („leise laufen' → *bisern 3*) BURTE WILTF. 21; *Ja! wann mar wege nasse Füß un Socke / In so 're Zeit wollt hinnerm Offe hocke* NADLER 78; Ra.: *siχ uf d sogə maxə* ‚sich auf den Weg machen, aufbrechen' MEIS. WB. 155a, ähnlich HETTGN, BRÄUTIGAM SO 123, HERWIG-SCHUHMANN 114, LITTERER 310, O.WEIER (RAST.)/ZFDMU. 1916, 284, REUTE (EMM.); *max di uf d sogə* ‚Eile dich!' ROEDDER VSPR. 528b; *aaim uf d sogə gīə* ‚jemanden überwachen, ihm zusetzen' O.-WEIER (RAST.)/ZFDMU. 1916, 284; *dem gej i uff d' Socke* NEUDENAUER ÜBERL. 141; *Gee mr von de Soge* ‚Lass mich in Ruhe!' 1991 SCHUTTERWALD; *Er gehd mer nid vun de Sogge* ‚er ist anhänglich, läuft mir nach' BRÄUTIGAM MACH 115; *Er is mer uff de Sogge* ‚er verfolgt mich' eb.; *do traimt's 'm, d'r Schandarm wär 'm uf de Socke* GANTHER STECHP. 69; *vun de Sogge sei(n)* ‚sehr erstaunt sein' LITTERER 310; *doo bisch funn dä Soggä!* ‚da kann man nur staunen' FREI SCHBR. 150, ähnlich SCHMIDER KK 2, 25, HERWIG-SCHUHMANN 114, ELLENBAST 67; *der is gans vondə Sogə* ‚überrascht' PLATZ 299; *Er isch ab de Socke* ‚er ist außer sich vor Begeisterung' WALDK. (ELZT.)/Heimatbrief 1964, Nr. 28; *digə sogə ãhawə* ‚nicht gut hören (wollen)' MANNHM; Reim unter → *I locken*; vgl. *Schlappen 1a, Strumpf*. – **c)** ‚Fußstück der Socke oder des Strumpfes'; die einsilbige Form *sǫkx*, Pl. *sökx* wird aus ESCHB. (WALDSH.) neben der zweisilbigen mit Bed. 1b gemeldet; vgl. *Fuß 3*. – **2)** Schimpfwort. **a)** ‚dummer, leichtsinniger, unzuverlässiger Mensch, Herumtreiber, Leichtfuß' H. SCHMITT[2] 118, FREI SCHBR. 150; *du sogə!* 1935 SCHOPFHM, LÖRRACH; *alder Sogge* ‚älteres Schlitzohr' BRÄUTIGAM SO 123; *o du domr Sogê* ‚du dummer Kerl' FLEIG 37; *schlechder Sogge* Schelte für unartige Mädchen oder Buben HERWIG-SCHUHMANN 114, ähnlich LEHR KURPF.[2] 137; *Duu eelendä Soggä* ‚du liederlicher, schamloser Mensch' DISCHINGER 177; ‚niederträchtiger Mann' RITTLER 125. – **b)** Schelte für weibl. Personen, ‚unordentliche, liederliche, leichtlebige, leichtsinnige Frauen oder Mädchen', auch ‚leichtes Mädchen' EHRMANN 295, HETTGN, ROEDDER VSPR. 528b, REICHERT 34, MEIS. WB. 155a, 1918 ROHRB. (EPP.), MÖRSCH, KRANICH 42, LAUINGER 15, G. MAIER 159, BRAUNSTEIN RAA. 48, ETTHM, ELLENBAST 67, JOOS 111, FELDBG/MARKGR. 1979, 149. – **c)** ‚zänkisches, hartnäckiges Weib' BURKART 266; vgl. *Reibeisen 2*. – Mhd. *soc, socke* aus lat. *soccus*; bei Bed. 2 ist Einfluss von jidd. *soken* ‚Alter, Greis' möglich. – Weiteres → *I kippen 1a, Selbend(el)*; vgl. *Bauern-, Hafer-, Lumpen-, Selbendsocken, Gesocks*. – DWb. 10/1, 1389; Els. 2, 346; Fischer 5, 1431. 6/2, 3123; Pfälz. 6, 140; Schweiz. 7, 681; Südhess. 5, 1058; SUF V, 32.

socken nur in → *dahersocken*.

socket *sogid* ÖSTRGN; *sogəd* HOCHSTET. (LINK.). – Adj., Adv.: ‚in/auf Socken (ohne Schuhe), dass. wie → *strumpfsockig'* WAGNER 184; *Dähääm rännd u dä gänz Daag soggidd rumm* DISCHINGER 177. – Vgl. *strümpfig*. – Pfälz. 6, 141 (unter *sockig*).

sockig nur in → *strumpfsockig*.

Sod *sōd* O.WEIER (RAST.), BÖHRGN, O.HOF, WYHLEN; *sǭd* SCHWAIB., PETERST. – m.: **1)** ‚der sich in Verdauung befindliche Mageninhalt'; *Mei Sod brennd me, mei Asch glemmd me* SCHWARZ 75. 106; vgl. → *Sodbrennen*. – **2)** ‚Sumpf-, Kotlache' O.WEIER (RAST.)/ZFDMU. 1916, 284. – **3) a)** ‚Moorboden' O.WEIER (RAST.)/ZFDMU. 1916, 284. – **b)** FlN SCHWAIB., PETERST. u. ö., bei Acker- oder Wiesengelände verweist der Name auf die frühere sumpfige, feuchte Bodenbeschaffenheit, so auch beim Ortsteil von O.HOF, der früher unbewohntes, sumpfiges Gelände war 1895 UMFR.; 1507 *garten ... am Sod* (ein Brunnen) WYHLEN/RICHTER 158; 1790 *beym sodt* eb. 158; 1869 *langer, kurzer, unterer Sod* BÖHRGN/HEGAU-FLURN. 7, 90; 1932 *im breidə sǭd* KILIAN 19. – Mhd. *sōt* (m./n.) ‚das (Auf-)Wallen, Sieden, Brühe, (Zieh-)Brunnen'. – Vgl. *Gesod*. – DWb. 10/1, 1394; Els. 2, 328; Fischer 5, 1431; Pfälz. 6, 141; Schweiz. 7, 317; Südhess. 5, 1060.

Soda *sōdə* GERCHSHM; *sōdā* O.SCHEFFL.; *sodǫ* OFTERSHM; *sōdā* RAPP., MÖRSCH; *sōdā* ALTENHM; *sōdv* REUTE (EMM.). – f. in O.SCHEFFL., m. in BÜHLERT., sonst n.: ‚Natriumsalz der Kohlensäure, Natriumkarbonat' ROEDDER VSPR. 529a, LIÉBRAY 276, MEIS. WB. 155b, FOHRER 192. – Laut KLUGE 677 im 18. Jh. entl. aus gleichbed. span. *soda* (f.). – Weiteres → *Kochkäse*; vgl. *Kautschuksoda*. – DWb. 10/1, 1397; Pfälz. 6, 141; Schweiz. 7, 324; Südhess. 5, 1060.

Sod-acker m.: FlN WYHLEN; 1728 *in dem Sodt Akher* RICHTER 158; 1880 *Acker im Sodacker* eb. – Vgl. *Sod 3b*.

so-dann Adv.: ‚danach, dann'; *stoße alles wohl unter einander zu Pulfer, sodann nimm Terpentin 4 Loth, ...* ARZNEYBUCH BIERBR. 6. – Weiteres → *roden 1*; vgl. *alsdann, nachher*. – DWb. 10/1, 1397; Schweiz. 13, 48.

Soda-wasser *sōdawasər* O.SCHEFFL.; „*Sodǫwassa*" mancherorts Kurpfalz; *sōdəwasv* SCHWETZGN, ZAISENHSN, REUTE (EMM.); „*sōdäwassa*" so und ähnlich HOCKENHM, ALTLUSSHM, ÖSTRGN; *sōdäwasv* RAPP.; Dim.: *sōdäwęsərlə* O.SCHEFFL. – n.: ‚Mineralwasser, Limonade' BRÄUTIGAM SO 123, ROEDDER VSPR. 529a, FREI SCHBR. 150, DISCHINGER 177, MEIS. WB. 155b; *sōdawasv, gęls odv rōds* ‚gelbe oder rote Limonade' ZAISENHSN/ZFDMU. 1910, 156. – Vgl. *Selterswasser*. – DWb. 10/1, 1397; Pfälz. 6, 141; Schweiz. 16, 1831 (andere Bed.).

Sodawasser-apostel Pl.: ‚Leute, die Alkohol ablehnen und ihre Haltung propagieren'; „die *Sodawassaaposchdl* nannten den Rübenschnaps der Schwarzbrennereien eine Säure" PHILIPPSBURG/ODENWALD MPH. 37f.

Sodawasser-häuschen *sōdāwasvhaisl* MANNHM. – n.: ‚Kiosk für Getränke' 1988 eb.

Sod-brennen *sōdbrenə* PÜLFRGN, HANDSCH., OFTERSHM, RAPP., JÖHLGN; -*brenə* HETTGN; *-brenə̃* O.SCHEFFL.; *-brenv* REUTE (EMM.); *sǫdbrenə* MÖRSCH, O.WEIER (RAST.), KAPPELWI.; *ǭdbrenə* PFORZHM. – n.: ‚brennender Schmerz in der Speiseröhre, bitterer Geschmack beim Aufstoßen von Magensäure' LENZ WB. 66a, ROEDDER VSPR. 529a, LIÉBRAY 276, MEIS. WB. 155b, O. SEXAUER 148, BURKART 119, O.WEIER (RAST.)/ZFDMU. 1916, 284. – Die Form in PFORZHM ist durch falsche Worttrennung entstanden, vgl. dazu FISCHER 1, 346 (*Atbrennen*), PFÄLZ. 5, 219 (*Odbrennen*). – Vgl. *Herzbrennen, Sod 1*. – DWb. 10/1, 1398; Fischer 5, 1432; Pfälz. 6, 142; Schweiz. 5, 624; Südhess. 5, 1060.

Sod-brunnen *sōdbrunę* 1920 um FREIB. – m.: ‚gegrabener Ziehbrunnen'; *Die andere, ein Kind von drei Jahren, warf sie lebendig in den Sodbrunnen* HEBEL IV, 58; ähnl. eb. III, 121. – Mhd. *sōtbrunne*, vgl. auch *Sod 3b*. – DWb. 10/1, 1398; Els. 2, 192; Fischer 6/2, 3123; Schweiz. 5, 669.

sodele Dim. zu → *so*.

I **Sodem** *sōdəm* ETTHM. – m.: ‚dreckige Unordnung' ETTHM. – Zu *Sodom*, der biblischen Stadt. – Fischer 5, 1432; Pfälz. 6, 142; Südhess. 5, 1061 (jeweils unter *Sodom*).

II **Sodem** ‚Satan' → *Sudam*.

Söden f.: FlN ORSGN, Sumpfwiese; 1716 *wis die södten* gen. HEGAU-FLURN. 1, 48. – Wohl urspr. eine Pluralform von → *Sod*; vgl. die hist. Bel. in SCHWEIZ. 7, 317f.

södern ‚nässen' → *sädern*.

Soders-gut n.: FlN Büsgn; 1466 *von des Soders gut* Hegau-Flurn. 3, 38.

Soder-wasser n.: ‚Sickerwasser, auch sumpfiges, zum Trinken ungeeignetes Wasser' 1939/40 Weisenb. – Zu → *sädern*. – Vgl. *Sutterwasser*. – Südhess. 5, 1061.

Sod-gasse *sōdgas* Wyhlen. – f.: FlN, Weg zum Brandweiher in Wyhlen; 1841/42 *neben dem Sodgässle* Richter 158; 1875 *an der Sodgasse* eb.

Sod-hof m.: Hofname in Schuttert./Krieger 2, 1020.

So-dick m.: Spitzname eines bestimmten Mannes; *dr sǫ́udįg* Eberb.

Sod-lach m.?: Hofname in O.harmersb./Krieger 2, 1020.

Sod-matte f.: FlN Wyhlen, Wiesengelände; 1862 *in der Sodmatte* Richter 158. – Zu → *Sod 3b*.

† **Sod-wiese** f.: FlN Böhrgn; 1555 *auf die Sodwis* Hegau-Flurn. 7, 90. – Vgl. *Sod 3b*.

so-eben → *alleweil 2b, bärig, eben 2d*.

Sofa *sofā* Heidelbg, Büchenbronn, Reute (Emm.), Titisee. – n.: 1) ‚gepolstertes Sitzmöbel mit Arm- und Rückenlehne' 1960 Büchenbronn; *įm š́dibli* (Wohnzimmer) *dǭ įš́ də fęrnsē ... ę āldį ūr ... un ę sofā ...* 1971 Titisee. Das Wort ist neuer, in älterer Mu. eher → *Kanapee*, *Scheselong*. – 2) übertr., nur Dim. ‚kleiner, kurzfüßiger Otterhund'; *sofálə* Freib. – Laut Kluge 677 im 17. Jh. entl. aus franz./it. *sofa* (m.). – DWb. 10/1, 1400; Fischer 5, 1432; Pfälz. 6, 142; Schweiz. 7, 344; Südhess. 5, 1061.

so-fern *sofǟrn* Öschelbronn; *sofārn* Reute (Emm.). – Konj.: ‚wenn; vorausgesetzt, dass'; *sofārn es so isch* Reute (Emm.); *sofērn eine Person s geld ųfbrįŋd* 1955 Öschelbronn. – Vgl. *insofern*. – DWb. 10/1, 1402; Fischer 5, 1429 (unter *so*); Südhess. 5, 1061.

Söffer *sęfər* O.scheffl. – m.: ‚Trinker', auch als Schimpfname gebraucht Roedder Vspr. 529a. – Vgl. *Saufer*. – DWb. 10/1, 1403; Fischer 5, 1432; Südhess. 5, 1061.

Sofie *sųfīn* mancherorts Bruhrain; *sųfī* Kappelwi.; *sofī* Appenw., Münchw.; *sųfī* Stegen, Munzgn; *sofį* Konst.; Kurzform: *sof* Eberb., Philippsburg, Kaltbrunn; Dim.: *sųfl* Niefern; *söfįli* Jestet.; *seffərle* Konst. – f.: 1) ‚die Heilige und ihr Tag (15. Mai)', zuweilen zu den Eisheiligen gerechnet, bis zu diesem Tag wird immer wieder mit Kälterückschlägen gerechnet, am 15. Mai selbst tritt oft der letzte schädigende Frost auf, womit er als Abschluss der gefürchteten Maikälte gilt; *d kalt Sophii* G. Maier 160, ähnlich Schwendemann Ort. 1, 46, Joos 301; *erschd muß die kald Sofie rumsōī* (im Blick auf die Gartenarbeit gesagt) Bräutigam Mach 115; neuere Bauernregel: *isch die kalt' Sophie vorbei, schreit der Gärtner froh „juchhei"* Humburger 135. – 2) weibl. VN; 1952 Eberb., Bruhr. 164, Odenwald MPh. 32, Niefern/Umfr., Burkart 47, 1950 Stegen, O. Rothenberger 27, Joos 220; *Der Gallenbacher, ein reicher Bur ..., hatte eine Tochter Sophie, im Volk die „Gallenbacher Soph" genannt* Hansjak. Erzb. 51; Kinderreim unter → *Löffel 1*. – Weiteres → *Base 4, Tag 4a, Fräulein 3a, kalt, können BII4, I sein B2d*; zu Bed. 1 vgl. *Eisheilige, Lostag 1b*. – Els. 2, 329; Fischer 5, 1432; Pfälz. 6, 143; Schweiz. 7, 345 (*Sofft*); Südhess. 5, 1061.

so-fort *sofǫrd* Laudenb., Au a. Rh., Hofstet., Eichstet., Staufen (Breisg.), Immeneich, Vöhrenb., Sunthsn; *sofǫrd* Lichtenau, Gamsh., Schutterwald, Weisweil (Emm.), Endgn, Schonach, Breitnau, Herrischrd; *sofǫrd* Grisshm; *sofǫrt* Adelhsn. – Adv.: ‚gleich, augenblicklich'; *kunsch sofort dahǟr* Reute (Emm.); *sį sįn sofǫrd kųmə* 1973 Weisweil (Emm.); *įš́ hab sofǫrd ųfgəhērd* 1976 Laudenb.; *dərnō įš́ diə milx įš́ dan sofǫrd grǫnə* 1980 Schonach; *dəs feld dēdə mv grīəgə sofǫrd - abv də wāld įt* 1981 Breitnau. – Das Wort ist neuer, in älterer Mu. eher → *tutswit, einsgangs, feurig 2, förderlich, fürderlich 1, gerädi, gestracks, gleich 2b, gleichsobald, kontenent 1, stracks*. – Weiteres → *abbrennen*. – DWb. 10/1, 1404; Fischer 5, 1433; Pfälz. 6, 143; Südhess. 5, 1062.

so-gar *segā́r* Tauberbisch.; *sogā* mancherorts Kraichgau; *sogā́r, so-* Altenhm, Burkhm u.ö. – Adv.: ‚auch, obendrein, überdies' Humburger 205, Fohrer 216, Kleiber Burkhm 20f.; *sogar dr Huāt hetr mitgnummv* Reute (Emm.); *Sogar die Menscheknoche un die Dodteköbb / Die ware zu erkenne* Nadler 69; *I wünsch em, was mar wünsche kann, / Sogar oft 's Himmelreich* eb. 150; *Es sei ales e so sųfer wia šōgar un sogar d Wärichbänk schnēwįs?* O. Fwglr 41; *un d'r Wagewirt het sogar e Dischkurs mit 'm ag'fange* Ganther Stechp. 49; *sogar zweimol ha i's g'wunne* eb. 113. – Weiteres → *I blasen 2a, II eisen 3, verschonen, A Kesse, lackieren 2b, Magen 1, nachhinspringen, Ochs 1a, reich, Sach(e) 4a, Sägbock 1, schneuzen 1a, Schwinggerte 1, setzen 2b, Stadtbrille*; vgl. *gar 3c, selbst 2*. – DWb. 10/1, 1405; Fischer 5, 1433; Pfälz. 6, 143; Südhess. 5, 1062.

Sögel *sōgəl* Waldsh. – m.: ‚unordentlich herabhängender Zipfel' 1978 eb. – Vgl. *Söckel*.

so-genannt *sōᵘgənā́nt* Hemsb. (Weinh.); *sōgənand* Öschelbronn, Ichenhm, Villgn, Laufen, Wieslet, Owgn; *sōgənant* Häusern. – Adj.: ‚auf diese Art bezeichnet'; *bis dsur sōgənandə flaš́ərįš́į* (so lange bleibt der Wein im Fass) 1955 Laufen; *ainə gǟns š́ēnə āntsəl sōᵘgənā́ntv fręsbagēdə* Bauer Hemsb. 26; *un das įš́ də sōgənandə drēbər* (→ *Treber 1a*) *gsī* 1971 Wieslet. – Aus der Schriftspr. entlehnt. – DWb. 10/1, 1406.

sogene Pron.: ‚solche' Messk. – Vgl. *so 3, sonig*.

† **so-(ge)tan** Adj.: ‚so beschaffen, derartig'; 1357 *daz wir in allen unseren landen und stetten gemeinlich sogetane judenschulde ... abnemen mugen* Neuenb. Stadtr. 28; 1707 *derjenige, welcher sotanes Guth gezogen* Überl. Stadtr. 636; 1731 *auf sothane Handlung hin* eb. 652. – Mhd. *sōgetān*. – Vgl. *solch 1, soter*. – DWb. 10/1, 1407; Fischer 5, 1433; Schweiz. 13, 353.

so-halt → *halt 2*.

so-herum *sōrum* Münchw. – Adv.: ‚auf diese Weise' Schwendemann Ort. 3, 102; *„Ez e mol ewek do ír Lali, so rum gōts fürschi!"* O. Fwglr 7.

Sohl- in FlN s. → *Sol-*.

Sohle *sūlə* Werthm, Tauberbisch., Hettgn; *soul, -ǫ-* verbr. Kurpfalz; *sǫ́ulə* Eberb.; *soulə* O.scheffl., Oftershm, Rapp.; *sōl* Neuenhm, Schwetzgn, Altlusshm, Neulusshm, verbr. nördl. bis mittl. Schwarzwald, Ortenau, N.hausen, Weisweil (Emm.), Kappel (Vill.), Sunthsn, Möhrgn, an der Donau nördl. von Messk., Reichenau, Ahsn; *sōlə* Rohrb. (Epp.), Spessart, verbr. mittl. bis südl. Schwarzwald, Breisgau, Kaiserstuhl, Markgräflerland, Dinkelberg, Hotzenwald, Pfullend., Burgwlr; *sųl* Kappelwi., Kork; *sōlə* Elztal und Simonswald, Denzlgn; *sōᵘlə* mancherorts westl. von Freib., I-stein; *solə* Jost., verbr. Baar bis Klettgau, Hegau, Höri, Bodanrück, Linzgau; *solv* Ippgn, Möhrgn, Stahrgn, Kluftern; *sol* Schwand., Honstet., Liggersd., Bonnd. (Überlgn), Wintersulgen; *solə* Orsgn, Salem; *solv* Sipplgn; Pl.: In Orten mit einsilbigen Singularformen gilt in der Regel Pluralbildung durch *-ə*, bzw. *-v*; bei zweisilbigen Singularformen ist der Pl. wie Sg.; Dim.: *seilələ* O.scheffl.; *selele* Möhrgn; *sölǝli* Singen a. H. – f.: 1) a)

‚Lauffläche des Fußes, Fußsohle' Platz 299, Hartmann 159, Schecher 66. 151, Gesser 198, W. Schreiber 14. – b) ‚Lauffläche des Schuhs, Schuhsohle, auch Einlegesohle in den Schuh' Platz 289, E. Bauer Kt. 19, Lenz Wb. 66a, Frei Schbr. 151, Roedder Vspr. 529a, Meis. Wb. 156b, Heberling 28, Schrambke 98. 128, Baur 62, Kilian 19, Meng 57. 184, Dierberger Sasb. 363, Klausmann 32. 47, Twiste 52, Schwer 21, Wahr 10. 30, Besch 27, Kramer Gutmadgn 276, Kirner 51. 266. 504, W. Schreiber 29, E. Dreher 26. 58, Joos 113, O.weier (Rast.)/ZfdMu. 1916, 284; *alə dswai sōlə sin ghabud* 1979 Muggensturm; *baį̇di sōlə sį̇n durχglofə* 1972 Elzach, ähnl. Bondd. (Überlgn), Schiltach, Zinsmeister 14; Kindervers unter → *Luther*. – 2) an Geräten. a) ‚mit Eisen beschlagener Holzteil am Pflug', läuft hinter der → *I Schar 1* auf dem Boden und sorgt für eine sichere Führung des Pflugs Wiesloch, Beiertheim/Umfr., Schluttenb./eb., Ortenbg, Schwendemann Ort. I, 112, Amoltern/Umfr., W. Schreiber 14, Vögisheim/Alem. 25, 111; *Suhl* Weizen; vgl. *Haupt 5b, Schlurpen 3*. – b) ‚Eisenband unter der Schlittenkufe' SSA-Aufn./ob. Renchtal, Hochschwarzwald, Schwand. – c) ‚Teil des Schubkarrens' 1935 Saig. – 3) Boden, Grundfläche. a) ‚unterer, äußerer Schiffsboden' Fluck 65, Schrambke Flussfischer 345, Neuenhm/ZfdW. 6, 72. – b) ‚Boden der Bergbaugrube, Stollensohle'; *Sōlə bauə* ‚eine runde, erhöhte Stollensohle im Schauinslandbergwerk aufbauen' 1926 Hofsgrund. – Ahd. *sola*, aus lat. *solea*, mhd. *sol(e)*. – Weiteres → *durch 2, durchlaufen 2, einlegen 1, entrinkeln, Kroppenmal, Mümmelkopf, Schuhmacher 1*; vgl. *Boden-, Brand-, Doppelsohle, Einlegsohlen, Fuß-, Leder-, Schuh-, Streichsohle*. – DWb. 10/1, 1408; Els. 2, 351; Fischer 5, 1436; Pfälz. 6, 144; Schweiz. 7, 767; SDS II, 148. III, 182. 183; Südhess. 5, 1062.

sohlen *sūlə* Werthm, Hettgn; *sou̯lə* Eberb.; *soulə* O.-scheffl., verbr. Kurpfalz, Rapp.; *sōlə, -v* um Schwetzgn, verbr. in Mittel- und Südbaden; *solə* Möhrgn; Part.: *gsōuld, -ou-* Eberb., O.scheffl.; *ksolə́d* Krenkgn. – schw.: 1) ‚Schuhe mit einer Lauffläche (→ *Sohle 1b*) versehen' Platz 299, Roedder Vspr. 529a, Frei Schbr. 151, Treiber 52, Meis. Wb. 156b, Etthm, Reute (Emm.), Kirner 51, O.scheffl./ZfdMu. 1923, 292, O.weier (Rast.)/eb. 1916, 284; *sōlə ḷ́osə* ‚sohlen lassen' 1971 O.-precht.; *die Stiefel müssen gesohlt werden* Albrecht hs. – 2) übertr.; dasselbe wie → *versohlen*, ‚durchprügeln' Frei Schbr. 151. – Vgl. *besohlen*. – DWb. 10/1, 1416; Els. 2, 351; Fischer 5, 1436; Pfälz. 6, 144; Schweiz. 7, 768; Südhess. 5, 1063.

sohlen-fertig *sou̯ləferdiš* Eberb. – Adj.: ‚bereit zum Besohlen'; vom Leder gesagt: *des lédr is sou̯ləferdiš* 1950 Eberb.

Sohl(en)-leder *sū(l)lēdər* Hettgn; *sou̯ləḷe̜dr* O.schefffl.; *sou̯lələdv* Rapp.; *sōlələdv* Mörsch; *soləledr* Möhrgn. – n.: ‚Leder für die Schuhsohle' im Ggs. zum → *Oberleder* Kirner 52; Ra.: *dsę̄ wi sou̯lələdv* ‚zäh wie S.' Meis. Wb. 156b, ähnlich Roedder Vspr. 529a. – DWb. 10/1, 1417f.; Fischer 5, 1437 (*Solleder*); Pfälz. 6, 145.

Sohlen-weicherin f.: ‚Schuhmachersfrau', nur im Kinderspiel „Grüner, grüner ist die → *Welt*" Achern. – Pfälz. 6, 145 (*Sohlenweicher*).

Sohlerei nur in → *Strumpfsohlerei*.

Sohlerin f.: FlN Freib.; 1327 *dü stude der man spricht dü mengerin u. dü solerin* Bad. Flurn. I, 3, 233. – Vgl. *Mengerin*.

So(h)lung *soulįv* Rapp. – f.: ‚(jüdischer) Friedhof' Meis. Wb. 156b. – Zur Etym. s. → *Versohlung*.

Sohn *sōn, sǭn* Werthm, Hettgn, mancherorts Ufgau, Freiolshm, verbr. Hanauerland, mancherorts Ortenau, südl. Schwarzwald, verbr. Baar, Hegau, Gegend um Messk., Bodanrück, Linzgau; *sū, sǖ* Dittwar, Eberb., mancherorts südl. Kurpfalz, Östrgn, Rohrb. (Epp.), Büchenbronn, verbr. nördl. bis südl. Schwarzwald, Klettgau, Ippgn, Sauld., Herdwangen, Konst.; *sō, sǭ* mancherorts Kurpfalz, Rohrb. (Epp.), Büchenbronn, vereinzelt Murgtal, mittl. Schwarzwald, verbr. südl. Schwarzwald, östl. Hotzenwald, Klettgau, Möhrgn, mancherorts Hegau, Höri; *sō̃, sǭ̃* mancherorts Kurpfalz, Adelshm, Zaisenhsn, Feudenhm, um Pforzhm, Schenkenz., Schiltach, Breitnau, Tengen, Möhrgn, Engelswies u. nördl. der Donau; *sūn, sǖn* Handsch., Schwetzgn, Rapp., verbr. Rheinebene von Alb bis Wiese, Ortenau, Kaiserstuhl, Breisgau, Markgräflerland; *sū̃ berolzhm, O.scheffl., Büchenbronn, Sunthsn, Liggersd., Singen a. H.; *sū̃ə, sǭ̃ə* Muggensturm, Wintersd., Kuppenhm, Greffern, Bermersb. (Rast.); *sǫn* Vöhrenb., Gutenstein, Meersburg; *sǫv* Döggingen, Reiselfgn; *sou* Gailgn; Pl.: *sę̄* verbr. Kurpfalz und südl., Gegend um Neust. bis westl. Hegau; *sę̄* Handsch., Zaisenhsn, um Pforzhm, Schenkenz., Gutach (Schw waldb.), Tengen, Heinstet., Schwenngn, Engelswies; *sį̄* Handsch., Rapp., Büchenbronn, Schenkenz., Gutach (Schwwaldb.), Sunthsn, Zimmern (Donau), Liggersd.; *sī̃, sį̄̃* Mönchz., vereinzelt Ufgau, verbr. nördl. und mittl. Schwarzwald bis Höhe Freib., Sauld.; *sēn* Östrgn, mancherorts Ufgau, verbr. Hanauerland, Ortenau, Breisgau, Kaiserstuhl, mancherorts ob. Markgräflerland, südl. Schwarzwald, Baar, Linzgau; *sē* Daxlanden, Büchenbronn, mancherorts Murgtal, Greffern, Ottenhöfen, Halbmeil, Schiltach, Bleib., Breitnau; *sī̃ə, sę̄̃ə* verbr. Gegend um Rastatt; *sį̃n* verbr. Ortenau, Breisgau, Kaiserstuhl, ob. Markgräflerland; *sȫn, sø̄n* Kappel i. T., mancherorts Dinkelberg, Hotzenwald, Hegau, Höri, Messk., Pfullend., U.siggingen, Reichenau, Konst.; *sę̈n* mancherorts südl. Schwarzwald, vereinzelt Baar und entlang der Donau, verbr. Gegend um Stockach, Bodanrück, Linzgau; *sę̄n, sę̨̄n* Vöhrenb., Gutenstein, Meersburg; *sį̈n* verbr. unt. Markgräflerland, Dinkelberg; *sǖ* verbr. östl. Markgräflerland bis westl. Hotzenwald, Klettgau; *sȫ, sø̄* verbr. Hotzenwald, Klettgau, Hegau; *sęv* Reiselfgn, Döggingen; *sou* Gailgn; Dim.: *sēnli* Münchw.; *sį̈nli* Bahlgn, O.rotweil; *sį̄li* Sunthsn. – m.: 1) a) ‚direkter männlicher Nachkomme', wird tw. als schriftsprachlich empfunden, dafür dann → *Bube 3* oder *Junger* (unter → *jung 2a*) Platz 299, Heilig Gr. 97, 1894 Berolzhm/Umfr. 52, Roedder Vspr. 529a, Bräutigam 53, Frei Schbr. 150, Lenz Wb. 66a, Liébray 276, Bauer Hemsb. 24, Meis. Wb. 158a, O. Sexauer 9. 14. 110. 149, Schrambke 126. 130, Rittler 127, Ruf 42, Heberling 20, R. Baumann 96, Burkart 31. 33, Meng 51. 53. 140, G. Maier 161, Braunstein N I, 13, Baur 55. Kt. 56. 64. 68. 201, Hall Kt. 98, Schwendemann Ort. I, 39, Klausmann 26. 31. 49, Beck 39. 125. 175, Kirner 65, W. Schreiber 17. 32, E. Dreher 65, Zinsmeister 35, Joos 118, Rapp./Zf hdMu. 2, 112, O.schopfhm/eb. 1, 330. 332, Zaisenhsn/ZfdMu. 1907, 273. 278, Ottersd./eb. 1914, 344, O.weier (Rast.)/eb. 1916, 285, Riedichen/Mein Heimatl. 1930, 134, Teuth. 3, 186; 15. Jh. *Item Schongancz Concz hat geben für sin son Friczen seligen ein juch ackers* Steinmauern Seelbuch/Freib. Diöz. Arch. 2001, Nr. 71;

15. Jh. *Item Scherrersz Barbal hatt geben II ß [Pfund] als sie gelőst hatt irs sonsz rock* eb. Nr. 115; 1696 *undt daß macht mich fürchten daß es mitt ihr gehen möge, wie mitt meinem sohn* Elis. Charlotte/Lefevre 189; 1711 *mein sohn seine gemahlin* eb. 140; *dər mįy sū* ‚mein Sohn' Greffern; *īsərį sēn* ‚unsere Söhne' U.kirnach; *də ęltšdį sōn* 1971 Schwörst.; *ə fǫrgendigər sų̄* ‚ein Sohn aus erster Ehe' 1968 U.precht.; *mainvr šwęšdvr ęrn sų̄* Eberb. Geschichtsbl. 1953, 29; *iχ hab dīri sī* ‚ich habe teure Söhne' Schapb.; *mini sī wǫnə no in dęnə hīsər* ‚meine Söhne wohnen noch in jenen Häusern' Rippoldsau; *Der Metzger un si Suh sin elend verschrocke* Lauf/Mein Heimatl. 1933, 385; *s hętt ąmǫl ən būr tswai sī ghą̄* C. Haag 130; *Zwee Seen hodd-si kadd, ąąnä isch ämm Grüg gębliwwä* Dischinger 178; *in dęrə famįlį sin drei sęn gfalə* 1978 Waldau; *der Herr Sohn / Hot als seiñ eegni Mudder schier nimmehr gekennt* Nadler 63; *Ich bidd als sündiger reuiger Sohn, / Hochwürdiger Herr! - um Absolution.* eb. 87; „*Wie wäht der Tauwind so lieblich,*" */ sait der Vater zuem Suhn* Hebel 62, 65; *Bhaupte, Christis der Heer saig 's Josephs lüebliche Suhn gsi* eb. 57, 88; Ra.: *So moin Sohn Absalom* Bräutigam Mach 9; Kinderv. unter → *Rom*. – b) ‚Ehemann der Tochter, → *Schwiegersohn*' 1980 Bühlert., Hundsb., mancherorts Renchtal, 1978 Rippoldsau, Offenb., Reichenb. (Gengb.), 1980 Friesenhm, Mahlbg, Hochd., Jost.; vgl. dazu DWb. 10/1, 1421 (*Sohn 2*) sowie die Belege für *dōxdər/doxdər* (‚Schwiegertochter') auf Kt. → *Sohnsfrau/Söhnerin*. – 2) ‚junge Rebe, die durch das Eingraben eines niedergebogenen Triebes gewonnen wird', Winzerspr. Schrieshm, Neckarzimmern, Friesenhm, Bahlgn, Heimb./WKW 56, Höfflin 228, „Beim Einlegen von einem *Sohn*, hat das Reis unterirdische Wurzeln geschlagen und es war eine neue Rebe" Eichstet.; *sįn mąxə, sįn nąlēgə* Kreutz 88; vgl. *Einleger 2, Hasensprung 3, Sohnstöcke*. – 3) PflN *Sohn vorm Vater* ‚Herbstzeitlose, Colchicum autumnale' Moos (Bühl)/Mitteil. 1933, 292; vgl. *Vater 1d, Hure 2b*. – Ahd. *sunu*, mhd. *sun*. – Weiteres → *Taper, teuer 1, dreckig 2, einweben 2, Vater 1bγ, vorangehen, liederlich 2, Mülhausen, Muttergottes 1, Obervogt, I reisen 1a, Schwester 1, selbdritt*; vgl. *Bruder-, Burger-, Hof-, Königs-, Menschen-, Schwester-, Schwiegersohn*. – DWb. 10/1, 1419; Els. 2, 363; Fischer 5, 1444; Pfälz. 6, 145; Schweiz. 7, 1086 (*Sun*); SDS IV, 145; Südhess. 5, 1064.

söhneln, sohnen *sīnlə* Riegel, Bahlgn, Schelgn, Bickensohl; *sųnə* Achkarren. – schw.: ‚vermehren von Reben, indem ein Trieb eines Stocks in den Boden eingelegt wird' Höfflin 227f. – Denominativum von → *Sohn 2*. – Vgl. *einlegen 4*.

Söhner „*Sehner*" Hagsf. – m.: ‚Schwiegersohn' eb.

Söhnerin *sūnvn* Leimen; *sūnəri* Rosenbg, mancherorts Bruhrain; *sīnərn* O.scheffl.; *sīnərn* Nussloch, Wiesloch; *sīnvn, -ī*- Adelshm, Handsch., Mönchz., Wiesloch, Rapp., Rheinshm, Zaisenhsn, Östrgn; *sēnərə* Heidelbg, Hagsf., Schiltach; *sīnəri* Waldangelloch; *sīnərə, -ī*- mancherorts Bruhr., Pfinzgau, Büchenbronn; *sēnvrə, -ē*- Hochstet. (Link.), Neureut, Knielgn; *sinvri* Mörsch; *sēnvri* Bickensohl; zur Verbreitung s. a. Karte → *Sohnsfrau/Söhnerin*. – f.: ‚Schwiegertochter, Frau des Sohnes' Rosenbg/Umfr. 1894, 12, Roedder Vspr. 529a, Mangold 40, Lenz 2, 19, T. Raupp 50, Meis. Wb. 153b, Reichert 46, Bruhr. 164, Wagner 183, Dischinger 176, Graben/Umfr., Pfaffenrot/eb., F. Schlager 75, 1960 Büchenbronn, Baur 158. Kt. 120, Rapp./ZfdMu. 2, 112; in Zaisenhsn/ZfdMu. 1928, 157 u. ö. als veraltet bezeichnet. – Vgl. *Schwiegertochter*. – DWA VI, 6; DWb. 10/1, 1423; Fischer 5, 1449; Schweiz. 7, 1091 (*Süneri*"); Südhess. 5, 1064.

Sohn-hausen n.?: FlN Ebrgn (Freib.)/Krieger 2, 1020.

Söhnin *sēnə* Blankenloch; *sįnə* O.weier (Rast.); *sēnin, sinin* Heinstet.; *sēnįn* Schwenngn; *sūnin* Möhrgn; *sōnə, sęnə* Glashütte (Stock.); s. a. Karte → *Sohnsfrau/Söhnerin*. – f.: ‚Schwiegertochter', in Möhrgn als veraltend bezeichnet, O.weier (Rast.)/ZfdMu. 1916, 283. – Vgl. *Schwiegertochter*. – DWA VI, 6; DWb. 10/1, 1424; Fischer 5, 1449; Schweiz. 7, 1091 (*Süni*").

Sohns-frau *sōnsfrau, -ǭ*- u. ä. Heidelbg, Feudenhm, Greffern, nördl. Hanauerland, mancherorts Ortenau, Bötzgn, Hofsgrund, Gailgn, Büsgn Konst.; *sūnsfrau, -ų̄-, -ų̨-* u. ä. Handsch., Mühlhsn (Wiesl.), Wintersd., O.weier (Rast.), südl. Hanauerland, Ortenau, Breisgau, Markgräflerland, mancherorts Wiesental und Hegau; *sūsfrau* Au a. Rh., Kuppenhm, Lichtent., Neuw., Schuttert.; (vereinfachte Darstellung, genauere Einzelheiten bei → *Sohn* und → *Frau*; zur Laut- und Wortgeographie s. a. Karte → *Sohnsfrau/Söhnerin*). – f.: ‚Schwiegertochter, Ehefrau des Sohnes' Lenz Wb. 63a, Bräutigam 107, 1894 Mühlhsn (Wiesl.)/Umfr., Hänel 147, Jäger 67, Schwendemann Ort. 1, 39, 1992 O.bergen, W. Schreiber 31, Handsch./ZfdMu. 1918, 157, O.weier (Rast.)/eb. 1916, 285, Heidelbg/Bad. Heim. 1917, 181, Mahlbg/Alem. 35, 233; um 1980 in Kuppenhm, Lichtent., Willstätt, St. Georgen (Freib.) und Vögishm als veraltet gemeldet, in Zell-Weierb. von *Schwiegertochter* verdrängt. – Vgl. *Schwieger-, Sohnstochter*. – DWA VI, 6; DWb. 10/1, 1423; Els. 1, 176; Fischer 5, 1459; Pfälz. 6, 146; Schweiz. 1, 1252 (*Su(n)sfrau*"); SDS IV, 148; Südhess. 5, 1064.

Sohns-tochter *sūnsdoxdr* Kirchen (Efrgn). – f.: ‚Schwiegertochter' 1976 Kirchen (Efrgn), neben → *Sohnsfrau*. – Pfälz. 6, 146.

Sohn-stöcke *sūnštek* Affent., Ottersw., Bühl (Offb.). – Pl.: ‚neue Reben, die durch → *söhneln* gewonnen werden' ZfdMu. 1915, 211.

Sohr Gen.?: FlN, sumpfige Wiesen; *soor* O.eggenen/Bad. Flurn. III, 1, 39.

Söhr m.?, n.?: FlN Kippenhm; 1761 *auf dem Kippenheimer sog. söhr* W. Kleiber Kipp. 94.

Sohuf ‚Gulden' → *Suf*.

söken „*söge*" Bernau. – schw.: ‚undeutlich sprechen' ZfdMu. 1917, 160; dazu: „*söger*", ‚jem., der undeutlich spricht' eb. – Zu *soken* ‚von dem platschenden Geräusch bewegter Flüssigkeit' (Schweiz. 7, 685)?

I **Sol** *sōl* O.weier (Rast.), Gundelfgn, Munzgn. – m.: 1) ‚Kotlache im Wald, in der sich das Schwarzwild wälzt', veraltet O.weier (Rast.)/ZfdMu. 1916, 284. – 2) FlN Hugstet., Gundelfgn, Freib., Munzgn; 1323 *ze sol* Roos 187; 1423 *im Sol* Bad. Flurn. I, 3, 234; 1608 *oben aufm Soll* eb.; *im sōl* Roos 187. Hierzu auch ON wie *Bickensohl* (s. u. → *Bicken-*), *Eichsel, Rotzel*. – 3) ON, Weiler der ehem. Gem. Grossschönach im ob. Linzgau, amtl. Schreibung *Sohl*; 13. Jh. *Sol* Krieger 2, 1020; 1373 *Sol daz dorf* eb.; 1557 *Soll ist ein weilerlin, gehört denen von Überlingen zu* eb. – Mhd. *sol* ‚Kotlache'. – Vgl. *Suhl*. – DWb. 10/1, 1448 (*Sole*); Fischer 5, 1433. 6/2, 3125 (*Soler*); Pfälz. 6, 143 (*Sohl*). 147; Schweiz. 7, 766.

† *II* **Sol** m.: ‚oberer Raum eines Hauses, Speicher'; 1683 *So(h)l* E. Schneider Durl. 36. 223. – Ahd. *solari* (aus lat. *solarium* ‚Sonnenplatz'), mhd. *sölre, solre* ‚Boden

www.ingramcontent.com/pod-product-compliance
Lightning Source LLC
Chambersburg PA
CBHW080848010526
44114CB00018B/2400